すごい「会話力」

齋藤 孝

講談社現代新書

2396

目次

第五章　活字力と「後輩力」で差をつける――

写真／江頭徹
イラスト／なかがわみさこ

まえがき――会話部への御招待

今は、何の時代か。

この問いには、いくつもの答えが可能ですが、「会話力の時代」という答えは有力なものだと私は考えています。

インターネットにより世界中の人々が会話し合い、SNSで朝起きてから就寝まで友人とおしゃべりをする。瞬時にやり取り出来る文字情報は、手紙時代とは異なり、いわば「文字会話」です。

心理学者のアルフレッド・アドラーは、人生の課題は、次の三つであると述べました。

一つ目は、交友の課題。友人といい関係を築くことが出来るようになる、という課題です。学校時代は、たしかに友人と上手《うま》くやっていくことが大切ですし、その課題から逃げ続けてしまうと大人になってからの社会的関係も上手くいきにくい。

二つ目は、仕事の課題。しっかりと社会で求められる仕事をこなし、経済的にも自立する。仕事は社会への貢献でもあります。

そして、三つ目は、愛の課題。恋愛し、結婚し、家族を形成する。この課題をこなすことによって次世代への受け渡しが行われます。

この三つの課題にとって、最も大切な力の一つが会話力だと私は思います。友人関係のほとんどは会話によって成り立ちます。楽しくおしゃべりが出来る関係が友人関係と言ってもいい。応答（レスポンス）を速くし、気の利いた会話で盛り上げる。あるいは、聞き上手となり、友人の悩みを減らす会話が出来れば、親友とも言えます。

仕事においても現在最も求められているのはコミュニケーション力です。社内での会話が的確ならば人間関係は良くなり、連絡ミスも減る。アイディアを生むクリエイティブな会話が出来れば、価値創造になります。

愛の課題においては、出会いのきっかけづくりから関係の深化、感情のやり取り、家族形成、熟年・老年期の関係安定のすべてのプロセスで会話力が決定的な役割を果たします。

交友・仕事・愛の三つの課題をこなしていく総合的な会話力を、この本では「すごい会話力」と呼びたいと思います。友達とおしゃべり出来るからといって仕事に必要な会話力があるとは限りません。すべてに通じる「すごい会話力」を駆使している人は実際にいますが、その会話力をどう身につけるかの道筋が明確に共有されているわけではありません。

この本では、「すごい会話力」へと至る上達の道を出来るだけ具体的かつ総合的に述べたいと思います。

私たちは誰でも走れますが、陸上部で本格的な練習をしてきた人の走りは、格段に質が高いものです。私たちは日常の日本語会話には不自由していませんが、「会話部」で鍛えられたわけでは通常ありません。

この本は、「すごい会話力」を目指して、ともに「会話部部員」として練習しようという本です。書かれていることの中には、「そんな当たり前のことは分かってる」と思うこともあるでしょうが、問題は「出来るか、出来ないか」だけです。知っているかどうかは関係ありません。

例えば、「人の話はメモするのが大事」だと知っていても、メモする習慣が出来ていないのなら知らないのと同じことです。自分の体で試し、習慣になるまで繰り返して体になじませる。このワザ化が勝負の分かれ目です。

仕事上のミスを防ぐには、伝言の正確さが求められます。私は新聞記事を題材にして伝言ゲームをやってもらうことがあります。会話の伝言力を鍛えるにはコツがあります。聞きながら復唱をするのです。自分の口でアウトプットしてみると記憶に定着しやすく、それを次の人に伝えようとする時に漏れが少なくなります。聞いたそばからつぶやくように復唱するのです。この復唱習慣をつけるだけで、ずいぶんと記憶力が向上します。

本を読むのは、最上のトレーニングです。話をしている時に活字が頭の中に思い浮かべられる人は、コンパクトに話が出来ます。意味の含有率の高い話し方が出来る人は、たいてい読書量が多いのです。

そして、開かれた心と身体をセッティングしておくことが「すごい会話力」の基盤です。オープンマインド・オープンバディをいつも意識しておきましょう。

軽く身体を揺さぶり息を入れ替えておけば、反応も良くなります。会話部の基本運動は身体をリラックスさせ、響きのいい身体にしておくことです。

大切なことは少々くどく述べますが、記憶の定着をはかるものとお受け取りください。

では、明るい心持ちで、会話部の練習へと臨みましょう。

第一章　会話の構造——会話力は実は上達が早い

「会話部」の必須テキスト

「すごい会話力」の獲得を目指す会話部員のみなさんには、本書の中でいくつかのお薦めテキストを紹介していきます。

その筆頭に挙げたいのが孔子の『論語』です。

「なんだよ、会話力をアップするのに、『子曰《のたま》わく』かよ」と思った人もいるかもしれませんが、孔子と弟子との会話というスタイルで構成されている『論語』は、現代に生きるわれわれにとっても大変参考になる会話力のテキストであり、またその内容を会話の中にさりげなく織り込むことで会話の質がグッと知的になるという便利なネタ本なのです。

例えば、次の一節を見てください。

「子の曰わく、其の位に在らざれば、其の政《まつりごと》を謀《はか》らず」（第十四―二七。引用は岩波文庫より）

自分がその地位にいないのであれば、その業務には口出ししないことだ、というものです。

実は私自身、この一節を知ってから、人生がとても生きやすくなりました。

それまでの私は目上の人に対して「その方針はおかしい」とか「それじゃあはかどらな

い」とすぐ口にしてしまう人間でした。

大学院生の時に、教授に対して「今日の授業のやり方はイマイチでしたね」と言ってしまうようなタイプで、常に周囲から問題視されていました。

その結果どうなったかというと、常に人間関係がよくない状態でした。

あるいはようやく見つけた就職先で、張り切り過ぎた結果、「このやり方じゃダメですよ」ということを一年目から言ってしまう。

もちろん当時の私としては、「よかれ」と思って言っているのです。正しいことを伝えて、それで改善されていくのならいいことじゃないかと思い込んでいたのです。

そうこうしているうちに、改めてこの『論語』の言葉に心が留まりました。

「あ、そうか。自分はまだその位にないのだから、上司の方針にあまり口を出さないほうがいいんだな。よかれと思って直言しても嫌われるんじゃ話にならないもんな」

そこでようやく適度な距離感の大事さを知ったわけです。それ以来、周囲との人間関係も好転し、ずいぶん生きやすくなったのです。

これは別に「事なかれ主義に徹しろ」ということではありません。責任を負う立場の人がその責任において決断しているのだから、なんの責任もない部下があれこれ意見を言うべきではないということです。多少のアイディアは出してもいいかもしれないけれど、最終的な意思決定はそれぞれの責任においてやっているわけです。一定の専門知識や地位のある人に従うことが、組織の論理としては必要なことなのです。

そのことを私はこの一節から学びました。人間関係に苦しんでいた私を救ってくれた言葉です。

このような経験談を、『論語』の一節と絡めて話すと、「『論語』まで出てきて、なんかいい話を聞いたような気がする」「孔子もそう言っているくらいだから、本当なんだろうな」という印象を相手に与えることが出来ます。『論語』は、会話の中に引用出来るエピソードの宝庫なのです。

勝海舟の自己鍛錬法

勝海舟の江戸っ子口調をそのまま口述筆記で再現した『氷川清話』(講談社学術文庫)も、会話力を磨くのにお薦めの一冊です。語り口自体も大変参考になるものなのですが、まずみなさんに紹介したいのは、勝海舟の自己鍛錬法です。

詳しくは第七章で述べますが、勝は剣術と丹田呼吸法と禅とが、自分を作り上げた基だと述べているのです。これにより、物事に動じることがなくなったので、幕末に何度も遭遇した緊迫した場面を乗り切れたというのです。

呼吸法や禅は、現代で言う「マインドフルネス」です。そして、心と体をリラックスさせ、オープンな状態にするマインドフルネスは、実は会話力の上達にも欠かせない要素なのです。

この「会話に取り組む心身の準備」というべき要素を、われわれも重視していきたいと思います。これは世の中にたくさんある「会話術」を扱う本と、一線を画する内容になっていると思います。

情を通い合わせ打ち解ける

みなさんは、初対面の人と瞬時に打ち解けることが得意でしょうか?

世の中には、誰とでも瞬時に打ち解けられる人と、そうでない人がいます。欧米人と比べて控えめな日本人には、どちらかといえば後者が多いはずです。

しかし、3分とかからず初対面の人と打ち解けられる力を持っていれば、人付き合いをする上でも、ビジネスの上でも非常に大きなアドバンテージになります。

例えば、総理大臣を務めた田中角栄は、一瞬にして聴衆の心をつかむ演説の天才でした。

「これこれこうだから、こうなのであります！」と、その時々の政治的問題や中央と地方の格差問題について力説したかと思えば、ふと目と目が合った老婦人に対して「ねぇ、おばあちゃん。そうでしょう？」と人懐っこい声で話しかける。

角栄に声をかけられたおばあちゃんは、突然のことにきゅっと胸が熱くなり、「うんうん」と頷《うなず》くはずです。こうして一人対一〇〇〇人の演説会場でも、一対一の関係に引きずり込み、瞬時に相手の心をつかんでしまうのです。

いや、心をつかまれたのはおばあちゃんだけではありません。角栄がおばあちゃんと一瞬にして通わせた情は、周りの聴衆をも共感させる力がありました。つまり一人のおばあちゃんと情を通わせることで、角栄はその会場中の聴衆の気持ちを鷲摑《わしづか》みにしていきました。こういうスピーチが抜群に上手かったのです。

すぐに打ち解けるという意味では、映画『男はつらいよ』の寅さんも天才です。どこへ行ってもマイペースで、「お姉さん、なにやっているんだい？　悩みでもあるのかい？」という調子で話しかけた相手と一気に打ち解けていく。その〝人たらし〟のキャラクターが人気の理由の一つでもありました。

こうして知り合ったマドンナとの恋は結局成就することはなく、寅次郎はまた旅に出るというのが毎回のパターンです。ただし、恋愛関係にはならないけれど、寅さんとマドンナとの間には情が通い合っていました。

田中角栄にしても車寅次郎にしても、瞬時に打ち解けて、相手と情が通い合った関係に持っていくことが出来る優れた会話力の持ち主でした。この能力は現実の世界において極めて大きな力ですし、現代においてますます求められる力と言えます。

人間の意思決定というものは、実は感情に左右されています。例えばみなさんがある商品を買おうかどうか迷っている時、その商品をしきりに薦める営業マンのことを「嫌な人だな」と感じたら絶対に「買う」という判断はしないはずです。

つまり会話では、相手と情を通い合わせ打ち解けることが決定的に重要なのですが、なかなかうまく出来ていない人が多いのが実情です。

「自分をオープンにする」トレーニング

ではどうすれば相手と一瞬で打ち解ける会話が出来るようになるのでしょうか？

その際に一つのヒントになるのは、「自分をオープンにする」という練習です。

人と打ち解けるためには、心と身体が柔らかく、相手に対して開いた状態になっている必要があるのです。心と身体が硬い状態の話し手を目の前にした時、聞く側は「なんだかぎこちない人だな」と感じ、相手もオープンになりにくくなってしまいます。

笑顔一つとってみても、硬くてクローズドな人は「この人は無理して作ったような笑顔をしているな」と受け取られてしまいますし、一方、柔らかくオープンな人は、「心からの笑顔だな」という印象を相手に与えます。どちらが相手と打ち解けられるタイプかは一目瞭然でしょう。

私は大学で、この「オープン」をキーワードにした実践的な授業をしています。

相手に対してオープンな状態になるためには、「あまり怖がらない」ことが大切です。「相手にどう思われるか」ということばかり考えて不安にならないように、まずは勇気を出す練習をしています。

方法としては、最初にリラックスした状態を作るために、息を吐きながら軽くジャンプし全身をほぐしていきます（写真①）。次に、肩胛骨《けんこうこつ》を大きく回しながら、胸を開きます（写真②）。「胸を開く」感覚は、オープンな構えの基本です。そして、両手を組んで上に伸

オープンな状態を作る

①軽くジャンプする

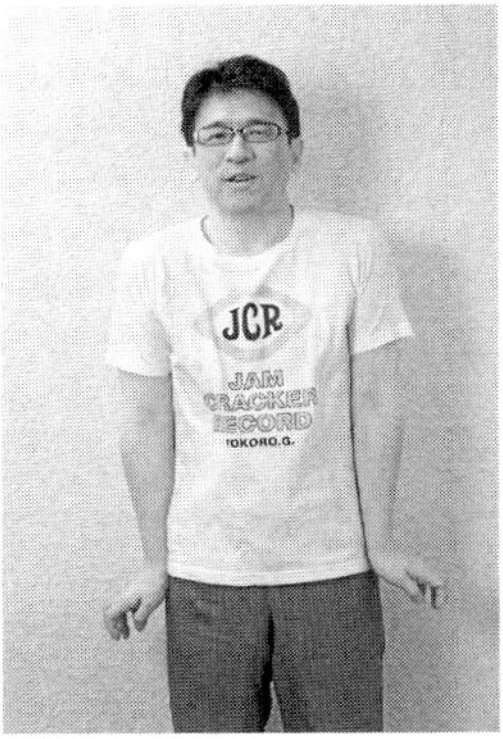

息を吐きジャンプして全身をほぐしリラックスする。

②肩胛骨を大きく回しながら胸を開く

肩の後ろを刺激するように肩胛骨を寄せる。数回繰り返す。閉じやすい胸を広げる効果がある。

③伸びをする

両手を組み上に大きく伸びをする。上体の力を抜く。

④下腹部を膨らませる

腹式呼吸で大きく息を吸うタイミングに合わせて、下腹部を膨らませる。勇気を持つイメージを作る。

びをします（写真③）。デスクワークで縮こまりがちな上体をリラックスさせます。十分に体がほぐれたら、腹式呼吸で大きく息を吸うタイミングに合わせて、おへそのちょっと下、下腹部をグッと膨らませます（写真④）。そしてそこに勇気を持っているイメージを作るのです。この時、下腹部を膨らませることによって肩の力は自然に抜けた状態になります。

これでセッティングは完了です。この状態こそ、心と身体が開いた「オープンマインド・オープンバディ」の態勢です。

大学では、この身心のセッティングが出来たら、学生に四人一組のグループを作ってもらい、英語でコミュニケーションしてもらいます。自分が「これはすごい」「これが大好き」と思っていることを、自己紹介代わりに話してもらうのです。犬が好きだったら「アイ・ラブ・ドッグス。ゼイ・アー・ラブリー・ラブリー！ ベリー・ラブリー！」というような単純な英語でいいので、感情を前面に押し出したプレゼンをやってもらうのです。

その自己紹介が終わったら、犬なら犬の話題で相手と盛り上がる、という作業をしてもらいます。

これは英語の練習をしているのではなく、恥を捨てて、自分を出していく練習をしてもらっているのです。話し手が自分をさらけ出していくと、聞いている相手も「向こうが自分を出してきてくれると気持ちが通じやすい。だったら、こちらもそこに乗っかっていこう」と感じるようになります。相手がオープンな状態というのは、心の扉が開いている状態ですので、こちらも入っていきやすいのです。

このように、心と身体をオープンな状態にして自分をさらけ出していくと、相手と打ち解けやすくなるのです。

自分を出せない人間は相手から見て面白みのない存在ですが、最近の学生を見ていると、自分を出していくことを苦手とする人が増えているのを実感します。

社会人になると、取引先や会社の上司から「今度、一杯飲みに行こうか」と誘われることがよくあります。実はこれは「仕事の場では出していない自分を酒場で出して見せてくれ」というサインなのです。どういう形でもいいから、ポロッと自分を出してほしい。そうすると「とっかかり」が出来て、情の部分が通いやすくなってその後の仕事や付き合いがやりやすくなる。相手はその効果を肌感覚で知っているから、まだ情の部分で通い合っていない人に対して「今度一杯どう？」と声をかけるのです。

ビジネスも煎じ詰めれば人と人とのつながりで成り立っています。大きな取引ほど、担当者同士の信頼関係が必要になってくるものです。逆に言えば、相手と「通い合っている」という感覚が出せる人は、どの分野の仕事を任されてもだいたい大丈夫と言えます。

「感じがいい」能力と「場を温める」感覚

日本人には、すぐに「オープンマインド・オープンバディ」の状態になれる人はあまり多くはありません。立食パーティーなどに行くとそれがよく分かります。初対面の相手とすぐに打ち解けられる人というのはごくわずかで、たいていは知り合いを見つけてその人とだけ会話して終わり、という場合が多いのです。

例外は大阪人です。大阪の人は成育環境が違います。子どものころから「テンポよく話す」「面白いことを言う」「ボケには必ずツッコミを入れる」というのが当たり前の環境で育っているので、自然に外に対して開かれた心と体を備えている人が多いのです。

これは日本では例外的な感覚ですが、海外の感覚で言えばむしろ大阪人のほうがスタンダードな水準にあるのです。大阪人くらいの感覚がないと、海外の人と接した時に、暗い印象、閉じた印象を与えてしまい、「感じが悪い」と受け取られてしまいます。

現代はビジネスが高度で複雑になっていますが、実はそこで求められる能力の中で、

「感じがいい」ということは非常に大きな比重を占めるようになってきています。

感じ良くするためには、オープンである必要があります。無理に口角を上げた、型にはまった笑顔で相手と向き合うのではなく、柔軟な会話のやり取りが出来て、相手の言葉に瞬時にリアクションが取れる——これが話していて「感じがいい」と思ってもらえる条件です。

「感じがいい」と相手に思ってもらえるようにすることと同じくらい大切な感覚が、「場を温める」という感覚です。相手と対面している場が冷えてしまうと、「この人と会うのがストレスになる」とお互いに感じてしまいます。これでは良好な関係は築けません。

一方、会話をして〝温まった〟感じを得られた相手とは、「もう一回会いたいな」と思うようになります。つまり「場を温める」ということはビジネスの上で大いに求められる能力なのです。

メンタルを常に整えておく

人と打ち解けるために、もう一つ大事なことがあります。メンタル・コンディションです。ビジネスにおいても、メンタルをいつも整えておくことは、「英語が出来る」「処理能力が高い」といった能力以上に大事なことです。

能力が高くても気分や不安定さが表に出てしまうような人は極めて付き合いにくい人と言えます。

これが適度にポジティブな感じで安定している人だと、いつ会っても好印象を抱きやすいものです。

実は今、企業も社員のメンタル・コンディショニングにだいぶ気を遣うようになってきています。そこで使われる手法が「マインドフルネス」や「コーチング」という技術です。書店のビジネス本コーナーに、これらの解説書がたくさん並んでいるのを見ても、その関心の高さが窺《うかが》えます。

本書では、会話を通じて人と打ち解ける方法からクリエイティブなアイディアが生まれるような生産的な会話法、さらにはオープンな心と身体の作り方から気持ちを整えるマインドフルネスの手法まで幅広く解説した本格的な会話の指南書を目指しました。

これが身につけば、みなさんの会話力は格段にステップアップします。

こんなふうに書くと、「なんだか難しそうだ」と感じられるかもしれませんが、本格的な会話力はちょっとしたトレーニングや意識の持ち様で意外と簡単に獲得出来るものなのです。本書を一読してもらっただけでも、「会話」に対する感覚は間違いなく変わってくるはずです。

豊かな会話は、人生の幸福度を引き上げてくれます。一緒に本物の会話力を身につけて、より良い人生を送ろうではありませんか。

会話をすると気が晴れる、声を出すと元気になる

ここで、一つ質問があります。

人はなぜ会話をするのでしょう?

その答えを探すには、会話のない世界を想像してみるのがよさそうです。

例えば職場で、みな出社しているのに一言も会話がない。そんな状況にみなさんは耐えられるでしょうか。

例えば家庭で、家族全員が揃っているのに誰も言葉を発しない。現実にはそんな家庭もあるのかもしれませんが、それはあまり好ましい状況とは思えません。

会話がないと人は気づまりな感じになるのです。会話はその気づまりな感じを吹き飛ばしてくれます。つまり会話をすると気が晴れるのです。

会話をすると気が晴れる。そして、声を出すと元気になる。人間はそういう作りになっているのです。

アメリカの調査結果ですが、年収が七万五〇〇〇ドル（約七五〇万円）を超えると、人はそれ以上年収が増えても幸福感は増さないそうです。つまり一定のレベルを超えると収入と幸福感は直結しなくなるのです。

では人の幸福感は、何によって増やすことが出来るのでしょうか。私は「会話」だと確信しています。気持ちが通じ合う会話が出来る相手、中身の濃い会話が出来る相手。そういう人が周りにいる人が本当に幸福なのだと思います。

他の国々と比べると、日本では、衣食住で困っている人は少数です。人の生活の基礎を支える部分はそうとう豊かになっています。

しかし、日本人の大半が幸福感を抱きながら毎日を過ごしているかどうかについては、ちょっと疑問が残ります。

でも私は、十分な会話が出来る状況を作れている人は幸せだと思うのです。

そのためには、まずは会話の相手を確保しておくことです。会話の相手には3色あります。

会話の相手は３色

・毎日のように会話をする相手（赤）
——大事
・仕事場に一人いると助かる、情報をたくさん持っている相手（青）——まあまあ大事
・たまにしか会わないけれど、心が通じ合っている相手（緑）——楽しみ

このように、いろいろなタイプの相手を日ごろから作っておくと、どんな時にも困りません。

そしておそらく、幸福感に一番直結するのは「毎日のように会話をする相手」です。

アニメ『ちびまる子ちゃん』では、主人公のまる子は、いつも親友のたまちゃんとお話しています。家でお母さんに叱られたらたまちゃんに愚痴を聞いてもらうし、何か嬉しいことがあったらたまちゃんにいの一番に報告する。二人はそんな関係です。

特に子どもにとって、いつも同じ相手と話をする、ということはその成長に非常に大切なことなのですが、大人だって毎日のように顔を合わせ、なんでも言い合える相手がいると安心感、連帯感、ひいては幸福感を抱くことが出来るのです。

「毎日話せる相手」に思い当たる人がいる人はきっと幸せです。そういう相手のことは、特に大切にしてください。

会話力の 第1段階 は「雑談力」

話し相手の存在とともに、会話にはもう一つ必要な要素があります。それは「会話力」です。会話力のレベルは、その人が感じる幸福感のレベルにも影響してきますので非常に重要です。

ただひと口に「会話力」と言っても、会話には三つの段階（33ページ参照のこと）があり、それぞれの段階に応じた会話力が求められます。

一番基礎的な会話力は、言葉のやり取りを通じて相手と仲良くなる「雑談力」です。

「雑談の力なんて必要ないんじゃないの？　仕事だって用件だけ伝えられればいいんだから。雑談なんて無駄話でしょう」

そんなふうに思う人もいるかもしれません。しかしそれは大きな誤解です。

仕事で上司や同僚、取引先の人と会話する時に話している内容を確認してみるといいでしょう。本当に必要な用件についての話はほんの少しで、ほとんどは用件とあまり関係のない雑談なのではないでしょうか。そうなのです。私たちの会話の大半は雑談なのです。

それほど雑談の量が多いのはなぜでしょうか。実は雑談には、その場の人間同士の距離を縮め、場の空気を和らげる力があります。

例えば、初めて取引先の人と会う時。お互いに多少の緊張感を持っています。そこで必要なのが雑談力です。

若いビジネスパーソンが取引先を訪れたとします。

「はじめまして。お世話になっている○○商事の△△です」

「やあ、はじめまして。どうぞおかけください」

「失礼します。それにしても今日は蒸し暑いですね。私、沖縄の出身なんです。暑さに慣れている身からしても、今日は応《こた》えますね」

「ほぅ、沖縄の出身ですか」

こんな雑談ならそんなに難しくないと思います。出身地ネタ、地元ネタは雑談の場の鉄板ネタです。たとえ相手の出身地が自分に馴染みのない土地であっても、話の広げようはいくらでもあります。

お互いに出身地を打ち明け合って、そこから話題を少しでも膨らませられれば、それだけで少し親近感が湧いてくるような感じがしないでしょうか。

あるいはこんなやり取りが出来たら、もっと親密になれるかもしれません。

「はじめまして。お世話になっている○○商事の△△です」

「やあ、はじめまして。どうぞおかけください」

「失礼します。あ、だいぶ汗が出ちゃっていてすみません。実は今、ダイエットに凝っていまして。はい。これは筋肉を付けるタイプのダイエットでして。ええ。それで身体中の新陳代謝が活発になってしまいまして。そのお陰でこんなに汗が。どうもすみません、汗がこんなに出て」

汗が出ただけで、これだけ話が引っ張れたらかなりの雑談力上級者です。

きっと相手は、若者のダイエットの方法やら効果やらについて、根掘り葉掘り聞いてく

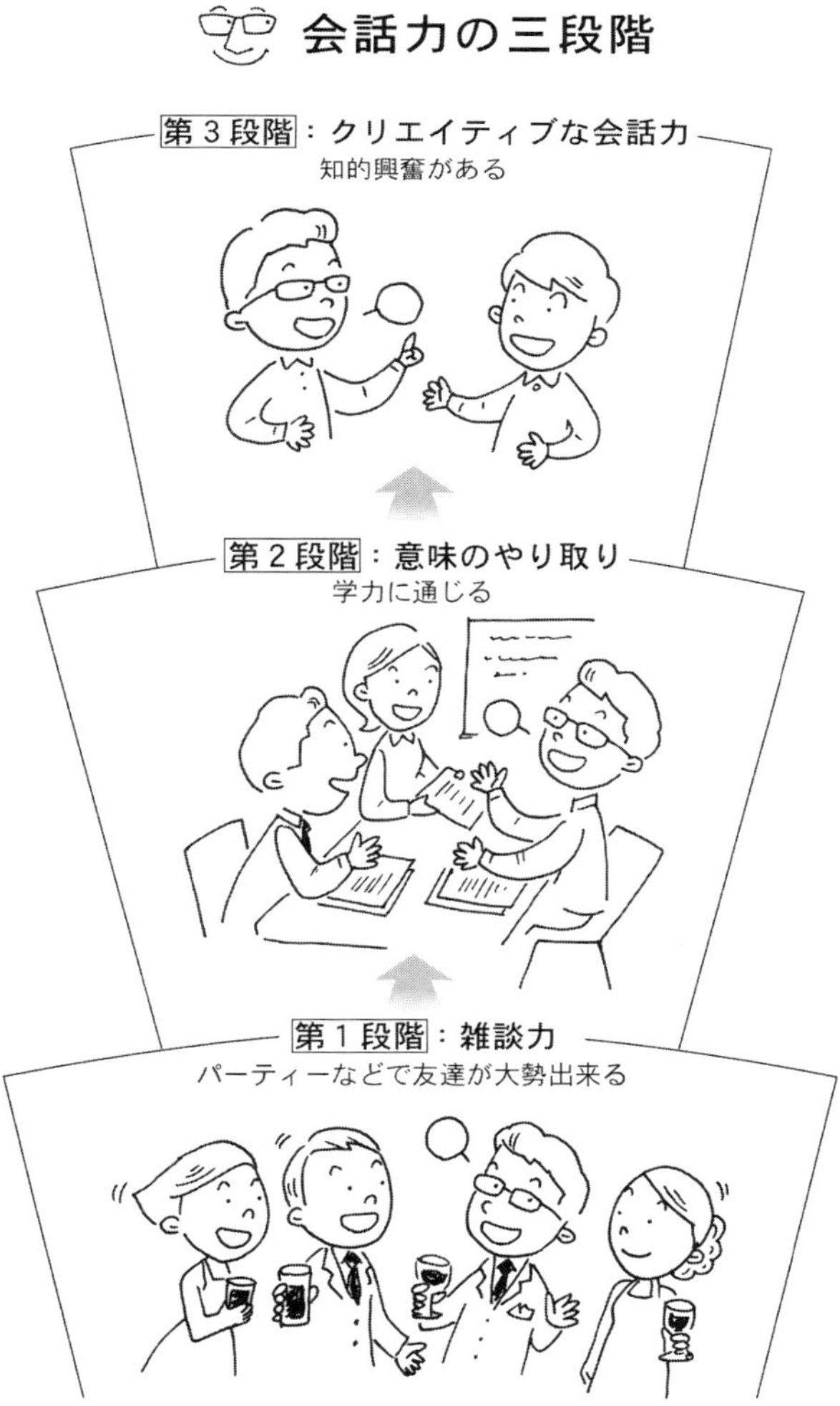
会話力の三段階
第３段階：クリエイティブな会話力
知的興奮がある
第２段階：意味のやり取り
学力に通じる
第１段階：雑談力
パーティーなどで友達が大勢出来る

れるのではないでしょうか。ついでに「面白い人だな」と思ってもらえれば大成功です。きっと「ダイエットの△△君」と頭の中に強くインプットしてくれるはずですから、次回の商談もグッとスムーズに進むようになるのではないでしょうか。

このように、雑談はお互いの人間関係を円滑にする潤滑油のようなものです。出身地だとかダイエットに取り組んでいるだとかという情報そのものより、お互いに話をして盛り上がることが目的です。

話題はその日の天気やその時々の社会的事件や芸能ゴシップなど、あまり中身のない話で構いません。いえ、むしろ雑談力は、内容がないことに意味があります。白か黒かをはっきりさせるような話は雑談には不向きです。話のネタについて、お互いにあれこれとコメントをし、盛り上がっていくことが目的だからです。

この力がある人は、飲み会にいると楽しいし、初対面の人ばかりのパーティーでもすぐ友達を作ることが出来ます。社会生活を送る上で極めて大きな力になるのです。

第2段階は「意味のやり取り」、要約力

第1段階が軽い「感情のやり取り」だとすれば、会話力の第2段階は「意味のやり取

り」の会話力です。

仕事をしていく上で基礎となるのが、上司から出された指示や取引先からの要望をちゃんと理解し、そしてそれを同僚や別の取引先に、意味を逃さず、きちんと伝えられる力です。

これは言い換えれば、相手の話の意味を上手に要約する力です。実は小学校から高校の勉強で主に養っているのは、この意味をやり取りする力です。

「この文章の中で最も大事な言葉はなんでしょう」といった国語の問題や、「問題文をよく読んで答えましょう」と注意書きが付いている算数の問題。これらは全て「聞かれていることに正確に答えましょう」という練習なのです。小学校や中学校で勉強が出来た人はこの訓練が出来ているのですが、中にはそうでもない人がいます。

この力が身についていない人には、仕事を任せるのが不安になります。そのため企業の採用面接では、面接官が最も真剣に見ているのは「この人はちゃんと意味がやり取り出来ているか」という点です。聞かれていることと微妙に違う話をして、自分がしゃべりたいこと、アピールしたいことを勝手に話し出すようなことをしてしまうと、「この人はこちらが聞いたことに答えていないな」「求めていることがどうも分かっていないな」という印象を与えてしまい、評価も著しく低くなってしまいます。

普通の会話でも、この能力が欠けている人がいるとがっかりしてしまいます。こちらが話したことを、「それってつまりこういうことですよね」とか「例えばこういうことですよね」と言って要約しようとする人がいますが、その要約がズレている。「いや、そういうことじゃないんだけどね」と訂正するのも相手の気を悪くしそうで、こちらがかえって気を遣ってしまいます。これではちゃんとした会話になりません。

ただ、この力は少し意識的にトレーニングを積めば、短期間で身につく力です。後ほどそのトレーニング法を紹介しますので、不安に思われた方はトライしてみてください。

第3段階は「クリエイティブな会話力」

さらにその上をいく最上位の第3段階が「クリエイティブな会話力」です。

これは話しているうちに「ああ、それならこうやってみよう」というアイディアがお互いから出てくる会話力です。

クリエイティブな会話とは、「お互いの間に新しい意味が生まれる」会話です。

困難な課題にぶつかった時、みんなで「困った、困った」と言っているだけでは埒《らち》があきません。そういう場面で「じゃあ、こうしたらどう？」「なるほど。それならここをこうアレンジしたらどうかな？」「いや、この方法のほうがいいんじゃないか？」という具合に、具体的なアイディアがポンポン出てくる会話の力、これがクリエイティブな会話力です。

自分一人でクリエイティブなアイディアを出すことも素晴らしいのですが、アイディアというのは話している中から生まれやすいものです。

アイディアの呼び水となる一言を投げかけられる人、さらにそれを受けて「あ、それだったら……」「こっちはどう？」と話を展開することが出来る人。そういう人がクリエイティブな会話力を持つ人ということになります。

この力は、現実の問題を解決する力になります。クリエイティブな会話力を持つ人が複数いるチームは、非常に生産性が高い集団になります。これからの時代、いよいよ必要になってくるのがこのクリエイティブな会話力と言えます。

ただし、これは相当上級者の会話力です。日常的な仕事や生活で使われるのは、圧倒的に「雑談力」と「意味のやり取りをする力」なのです。

「経験知」と新情報を組み合わせる

私たちは、自分が知っている情報に基づいて会話をしています。知らないことについては、相手の話に相槌《あいづち》を打つことは出来ても、自分から話すことは出来ません。つまり、知っている情報が多ければ多いほど、より豊かな会話をすることが出来るのです。

では知っている情報とは何か。

一つは、その人自身が生きてきた人生の中での経験から得た知——経験知です。私たちは誰でも、「経験の海」とでも呼ぶべき膨大な経験知を持っています。

この「経験の海」の上に、本や新聞、テレビやインターネット、人から聞いて得た新情報が乗っています。この二つの情報が私たちの会話の主な中身ということになります。

会話をしていて、経験に基づく話が出てこないと話が退屈になります。また新情報が出てこない話もつまらないし、お得感がありません。

この二つをバランスよく組み合わせて会話を組み立てていくことが大切なのです。

「気心を通じ合わせる」と気分がいい

私は大学でコミュニケーション技法を研究し、学生たちに教えています。

授業では、実際にやってみることを重視しているので、学生にはいろいろなことをさせています。

例えば、一〇〇人程度の学生が出席している授業では、一人ずつ順番に、残り全員を前にして何らかのプレゼンテーションをしてもらうのです。

こういう方法もあります。四人一組になってもらい、グループ内で互いにプレゼンテーションをし合うという方法です。

私はその時々に応じて、学生に課題を出します。「自己紹介を30秒でしてください」「1分間で知的教養に溢《あふ》れる話をしてください」「英語で自分の好きなものを説明してください」といった具合です。

こうした授業の狙いはいろいろですが、一つには瞬時に相手と情を通い合わせ打ち解け合うことがあります。つまり、短時間で相手と「気心を通じ合わせる」というトレーニングです。

そのために必要なのは、「自分を出す」ということです。自分をさらけ出し、自分という人間を少しでも理解してもらう。自分の殻に閉じこもっているような態度だと、気心を通じ合わせることは困難です。

自分を出せない人というのは、一緒にお酒を飲んでいても面白くないタイプです。フォーマルな顔以外のくだけた部分を出し合うのが酒席の良さです。

一緒に食事をしたりお酒を飲んだりすると、普通は打ち解け合うものです。それは、食事やお酒の席——特にお酒が入った場所では、お互いにリラックスして普段は見せない本来の自分を相手に出しやすくなるからです。

先ほども触れましたが、互いに自分自身を見せ合うと、その人との関係性に「とっかかり」が出来て、情が通い合いやすくなる。これが「気心が知れた」状態です。

だからビジネスパーソンは取引先や同じ組織内の人とお酒を飲むのです。一緒に飲むことで、互いに情を深め、その後円滑なコミュニケーションが成り立つような効果を期待しているわけなのです。

ところが最近の学生を見ていると、お酒の場で年配者と打ち解けるということが習慣になっていません。ますます自分をさらけ出す環境が減っているのです。

そこで私は、先ほど説明した授業のスタイルで、「シラフであっても自分を出す」ということを強制的にさせているのです。

あまり知らない相手を前にプレゼンをするわけですから、最初はみな躊躇《ちゅうちょ》しています。

しかも「英語で自己紹介しろ」とか「1分間で知的教養に溢れた話をしろ」とか、少々ハードルの高い課題を強いるので、学生たちはヤケクソ気味であっても一生懸命プレゼンを始めます。つまりここで自分をさらけ出すのです。これはたくさんの人に対して、自分をオープンにしている状態です。

やり終えた学生はたいがいこんなことを言います。「最初は足が震えました」「心臓がバクバクしていました」と。

そして何人かはその後にこう付け加えます。「でも、クセになりますね」。そうなのです。一度自分をオープンにする経験をすると、「そのほうが気分がいい」ということに気が付くのです。

こういう経験を何度か重ねるだけで、知らない人と接することが苦にならなくなってきます。週一回の授業で二ヵ月くらいこういう経験をした学生なら、まず全員が瞬時に人と打ち解ける技術を身につけます。それくらい簡単に身につく技なのです。

意外に思う人もいるかもしれませんが、人と「気心を通じ合わせる」技術というものは、人間性の深い部分が関係するような技術ではないのです。社会生活を営む上で必要な能力であって、「人に会ったら挨拶する」ことを子どものころに覚えたように、ちょっとしたトレーニングと意識があれば割と簡単に身につくものなのです。

「表情と身体はチアフルに」

「明るい性格の人は会話が得意で、暗い人は会話が苦手」ということを言う人が時々います。あるいは、「自分はあまり明るいほうじゃないから人と会話するのは苦手なんです」と思い込んでいる人もいます。

しかし、性格の明るい・暗いは、会話力にほとんど関係がありません。

私が大学で教え、テレビ番組でも共演することのあるTBSアナウンサーの安住紳一郎さんは、彼自身が言うには「性格的に明るいほうではない」そうです。

しかし画面を通して見る彼は、番組のゲストとたちどころに気心を通じさせ、〝大物〟とされる人々でも臆することなく、褒め上げ、なだめすかし、時にはツッコミを入れながら、巧みに会話を回しています。

これは「性格は明るくないけど会話の才能があった」のではなく、経験がものをいっていると見るべきなのです。

場数を踏むことで、誰でも初対面の人とすぐに気心を通じ合わせ、その場を楽しく過ごすことが出来るようになるのです。

彼の場合、常にコメントを工夫する不断の努力を長年続けたことで、当意即妙な会話力が技となっています。

ただこの時注意しておいたほうがいいのは、性格は明るくなくてもいいから、「表情と身体はチアフルに」ということです。

初対面の相手の性格が底のほうで明るいか暗いかという点に、普通はそれほど関心がありません。気にしているのは、この人と楽しく会話出来そうかどうか、だけです。その時に「この人は楽しそうな人だ」「こちらを拒絶している感じじゃないな」と受け止めてもらうには、軽く微笑むようなチアフルな表情が必要です。

ネクラな人でも表情がチアフルだと、相手はスッと気持ちを開いてくれます。作り笑顔ではなく、自然ににじみ出るようなチアフルな表情は、普段から意識していれば身につけられる「技術」なのです。そこに性格は影響していません。

交際では、チアフルに、上機嫌に会話を運ぶ会話力が大切なのです。

日本人には、対人能力に自信を持っていない人が多いのですが、それはちょっとしたトレーニングを積み、場数を踏むことで意外と簡単に克服できるコンプレックスです。日本人はそこにもっと自信を持っていいのです。
そして会話力はすべて「気」に繋がっていることに気づいてほしいと思います。

第二章　「会話身体」で人間関係力を磨く

おへそを相手に向け胸を開く

人と一瞬で打ち解けるためには、「オープンマインド・オープンバディ」が必要だと第一章で触れました。

人と打ち解けることに苦手意識がある人は、自分の体と心がリラックスしている状態になっているかどうかを時々意識したほうがいいでしょう。「少し緊張していてリラックスしきれていないな」と感じるようなら、息を吐きながら軽くジャンプして全身をほぐし、おへその下に勇気を溜めるイメージを作ります。これが人と会話する時の「構え」です。この構えにスッと入れると、会話に対してのセッティングが出来た状態と言えます。

私たちは瞬間的に、相手がオープンな心、オープンな身体を持っている人かどうかを察知することが出来ます。これは言葉を交わさなくても分かる性質のものです。ですから極端なことを言えば、言葉の通じない外国人とでもオープンマインド・オープンバディで接すれば友人になることも出来るのです。

それくらい、オープンマインド・オープンバディの状態を作ることは、他人とコミュニケーションを取るうえで重要かつ基礎的なことなのです。

さて、人と接する前にオープンな状態を整えたとします。しかし大切なのは、実際に人と会話を始めてからも、常にその状態を維持しておくことです。

例えば視線です。もちろん話している人のほうを見ることが望ましいわけですが、単に目だけでなく、おへそを相手に向けるようにして体ごと正対したほうがよりオープンな状態になります。**おへそはオーバーでも、胸を相手に向ける感じが大切です。**

またこの時、胸が閉じた状態になってしまってはいけません。緊張している人、人付き合いを苦手にしている人は、人と接している時に胸が閉じた状態になっています。これでは会話はスムーズにいきません。

肩の力を抜き、左右の肩胛骨を背中の真ん中に寄せるようなつもりで胸をグッと開く。この状態で相手と向き合うことが大事になってきます（第一章「オープンな状態を作る」参照）。

「打てば響く」印象

もう一つ大切なことは、相手の話にちゃんとリアクションをすることです。

軽く頷きながら、相手の話をしっかり聞くというスタイルのリアクションでもいいですし、時には「へぇ〜」とか「本当に？」というふうに感嘆してみせるのも話を盛り上げるのに効果的です。「打てば響く」という感じで、ちょっと大げさなくらいのリアクションを会話の中に入れていくと、話し手もどんどん話しやすくなっていくのです。

後で触れるように、本格的な会話力を身につけようと思うなら、普段から人が興味を持ちそうな話のネタを仕込んでおいたり、知的な会話に必要な教養を身につけておいたりする作業が必要ですが、その段階に至っていない人は、とにかくリアクションの技術を磨くだけでも会話力は向上します。

自分から新しいネタや情報を提供することは出来なくても、「へぇ～！」「ほう！」「そういうことですか！」といった感嘆符付きの相槌で場は温まります。身体全体を使ったアクションを駆使し、徹底的にリアクション力を磨き上げるのです。

大学でコミュニケーション論を教えている学生に、「リアクションをいつもよりもちょっと盛ってみよう」と言って練習させています。すると生活の中で効果がいくつも出てきました。「アルバイトの採用面接が通りやすくなりました」「塾講師をしているのですが、以前よりも生徒が話を聞いてくれるようになりました」という声が学生から数多く寄せられるようになったのです。

へそを相手に向けるのも、胸を開くのも、またリアクションを盛ってみるのも、すべて会話の技術です。それらはすぐ実践出来るような簡単なものですが、これを技術として意識している人はあまりいないと思います。意識的にこれらの技を使ってみると、会話の距離感はグッと縮まってくるのです。

場の空気を作る身体性

会話とは、他の人と交流するということで、知的であることと会話力は必ずしも一致しないのです。だから、とても頭が良いのに「会話が苦手」という人がたまにいます。理科系の学生からも、「会話が苦手です」という声をよく聞きます。会話の中で表情のやり取りをしたり、タイミングよく笑ったりすることが上手に出来ないという人たちで、損をしやすいタイプと言えます。

このタイプの人たちは、頭と身体のモードチェンジをして、オープンな構えを作り、明るくチアフルにやり取りすることを意識するとだいぶ変わってきます。

第一章でも触れましたが、会話の際には「チアフル」というのも非常に大切な要素です。

明治時代にすでに、新渡戸稲造《にとべ》は「私たちはもっとチアフルにならんといかん」と著書に書いていました。新渡戸も含め武士の家系の人たちにとっては、人前で明るくにこやかに振る舞うことは美徳ではありませんでした。実際つい最近まで、「男は黙って……」という価値観を尊重する空気が日本にはあったくらいです。

しかし、西洋社会に接した新渡戸は、「これではいかん」と痛感し、日本人も、明るく、陽気に、元気にならないといけないと主張していました。

山崎正和さんの『不機嫌の時代』では、森鷗外や夏目漱石、永井荷風や志賀直哉といった明治から戦前に活躍した文豪たちに共通する雰囲気を「不機嫌」と指摘していますが、当時はそれが受け入れられた時代でもありました。しかし現代は、一見して「怖そう」「偉そう」「不機嫌そう」というのはあまり評判がよくない時代です。

柔らかさがあり、サービス精神があり、上機嫌であることが求められています。ですから会話のベースとなる身体性にも、柔らかで、オープンで、チアフルで、そしてリアクションが出来ることが求められているのです。

そういう上機嫌な身体というのは、場のいい空気を作る素になります。

例えば職場において、上司が柔らかくやり取り出来て、反応が良くて、上機嫌な、明るい雰囲気を持っている人だと、職場全体がそのような雰囲気になっていきます。体の状態は場の雰囲気と直結していますので、身体を変えていくことで場の雰囲気も変えることが出来るのです。

私たちの身の回りにも、「その人がいるだけで場の明るさが違ってくる」「場が華やぐ」というタイプの人がいます。

こういう人は、会話の内容がすごいということよりも、体全体から放たれるエネルギーが強く、その人ひとりがいるだけでその場がエネルギッシュになります。こうしたエネルギーは会話を盛り上げる極めて大きな要素になります。

「すごい会話力」というのは、言葉だけではなくて、体全体のエネルギーもまた大切なポイントなのです。

体のエネルギーもある上に、知的でありアイディアも溢れ出るという人はどこにいっても人気があります。私がテレビ番組で何度も共演したタレントのビートたけしさんは、面白いことを言う一方で、真面目な話も出来ます。世界的な映画監督なだけに世の中全般に詳しいし、大学の工学部で勉強していたので数学の話も出来る。しかも間近で接してみると、なによりも体から発散されている明るいエネルギーに圧倒されます。さすがに長年テレビの最前線で活躍し続けてきた人だなと感心させられます。

お腹から声を出す

会話をする時にはもちろん声を使いますが、その声の質も会話力に影響を及ぼします。亡くなられましたが歌手・本田美奈子．さんは、「あの細い身体のどこから出てくるのか」と驚くほど、ピンと張った非常に通る声の持ち主でした。その歌声は、あたかも彼女の精神力が宿っているような力強いものでした。細い身体であれほどパワフルな声が出せた秘密は、彼女がお腹の力をフルに使って歌っていたからです。

私たちの普段の会話でも、口先から出る自信のなさそうな声より、お腹から出す自信に満ちた声のほうが話の内容にも説得力が出てくるのです。

ではどうすればそのような自信に満ちた声が出るのでしょうか。基本は腹式呼吸にあります。

息は吸う前に吐くことを強く意識します。息をフーッと長く緩く吐くのです。

息を吸う時は胸ではなく、腹で吸うイメージを持ちます。胸を前後に膨らませるのではなく、横隔膜を使って肺を縦に膨らませるよう心がけます。こうすると、胸ではなく、下腹を動かして呼吸出来るようになります。呼吸の時に下腹を使えるようになると、人間の体というものは自然に肩の力が抜けるようになっています。同時に、へその下あたりの下腹に勇気が溜まっていくイメージを持てるようになってきます。

これが、腹に力が溜まり、かつ肩からは力の抜けたリラックスした体勢です。この状態からだと、力のこもった元気な声がお腹から出せるようになるのです（呼吸法に関しては第四章で詳しく述べます）。

昔から、「肚《はら》を練る」という言い方があります。現代風に言えば「何事にも恐れを抱かぬように度胸を鍛える」ということでしょう。肚というのは「丹田」と呼ぶこともありますが、どこか特定の器官を指すのではなく、へそ下三寸あたりの下腹部のことです。この肚の鍛え方というのが、腹式呼吸の実践なのです。

というのも下腹部を膨らませて息を吸った状態で下腹にグッと力を入れると、そこから勇気が湧いてくるような感覚になります。肚が据わった状態、覚悟が決まった状態とも言えるでしょう。

細かく言えば、おへその上のみずおち（みぞおち）は力を抜いて「虚」にし、おへその下の丹田には気を満たし「実」にします。調和道丹田呼吸法では、これを「上虚下実」と言っています。

目上の人、初対面の人などに会って緊張しそうな時には、この状態を作ればいいのです。肩の力を抜いて、手をおへその下に置いてグッと膨らませてみる。そして「大丈夫。どうせ殺されるわけじゃなし！」と思って臨んでみる。こういう態度で臨むとお腹から元気な声を出せるようになります。

リラックスして集中している状態

肚が十分に練れている人は、「胆力がある」と言われます。腹式呼吸で長く息を吐けるように訓練すると、胆力が練られると言われてきました。

私は若いころから呼吸法の研究を続けてきました。きっかけは、受験勉強をしている時、テストで数学の難しい問題に出くわしたことです。まったく問題が解けなかった私は、頭が真っ白になりパニックになってしまいました。

この時に痛感しました。勉強でもスポーツでも、窮地に陥った時、頭が真っ白になってしまっては適切な対処が出来ない。重要な場面でこそ、リラックスして集中している状態を作れるようにしなきゃいけない、と。

そのためにはどうすればいいか。試行錯誤し、いろいろ調べてみた結果辿り着いたのが

「丹田呼吸法」だったのです。

丹田呼吸法は、まずおへその下に手を当てて、軽くお腹を押しながら「フーッ」と息を吐き出します。この時、とにかく長く長く、緩く緩く吐けるように練習していくのです。これを繰り返していくと、最初は15秒くらいしか続かなかった息が、30秒、45秒と続くようになっていきます。

こうしていくうちに、だんだんお腹が鍛えられていき、そこに気持ちが落ち着くようになってきます。私はこれが1分続けられるようになると、「あ、これが丹田か」と意識出来るようになりました。

丹田呼吸法を練習し、丹田の感覚が身につくようになると、何事に対しても怖さがなくなってきます。偉い人、年上の人と会ってもいわゆる「ビビる」という状態にならなくなるのです。リラックスした自然体で対することが出来る。私も丹田呼吸法を身につけてからは、たいていのことには動じない「肚」が出来たと実感するようになりました。

実は私が教育の世界に入った理由の一つには「日本人全員が丹田呼吸法を身につけられたら」と思ったことがあります。呼吸法は、会話だけではなく実生活で非常に役に立つ身体的な技術であり、戦前は日本人の生活に根付いていたものでした。そのためほとんどの人々が「肚を練る」や「丹田」ということを、しっかり意識しながら生活していたのですが、戦後になると急速にその意識が薄れ、いまではほとんど顧みられなくなってしまいました。

私は、呼吸法はもっと多くの日本人が再評価してしかるべき技術だと考えています。

そのため私もこれまでに呼吸法に関する本を何冊か書いてきましたし、大学での講義や各地での講演の際にも呼吸法について積極的に話をするようにしています。

呼吸が分かる人の会話術

緊張するような相手と対面する時には、まずフーッと長く息を吐くことで気持ちを整えてみる。このような呼吸を通して体を整える訓練を繰り返していくと、どのような相手とも自然体で会話が出来るようになってきます。

会話にはもう一つ大事な「呼吸」があります。会話をしていて、相手が呼吸が分かる人だと非常に気持ちが良くなります。この場合の呼吸は、「間」と呼ばれることもあります。

相手がすごく良いテンポで話をしている時には、そこに薪《まき》をくべるように、合いの手を入れたり、相手の話の流れに沿ったネタを追加したりして、どんどん話を盛り上げる。これは「呼吸が分かっている」人の作法と言えます。

逆に、途中で話の腰を折るようなことを言ってしまう人は、「呼吸が分かっていない」人ということになります。

呼吸が分かっている人は、「相手が話したそうだな」という時にはスッと譲ることも出来ます。それが出来ないと、言葉がかち合ってしまい、会話が混乱してしまいます。

私も時々テレビのトーク番組などに出演することがありますが、そこではこの「呼吸を読む」能力が求められます。生放送で一〇人近い出演者がいることも珍しくないのですが、話し上手な芸人さんなどがいると、ひょっとすると一言もしゃべらないうちにコーナーが終わってしまうこともあります。そうならないためには発言している人の呼吸を読み、しゃべり終えて沈黙に陥る寸前のところでスッと入っていかないといけない。

これが上手ではない人は、他の人が発言している時に話を被せてしまうのです。

芸人さんは、あえて「被せる」ワザを持っていますが、一般の人は被せないほうが無難です。

他人の発言に自分の言葉を被せないためには、息をこらえてタイミングを見計らうのです。

黙っていた人がスッと深めに息を吸った時には、何か話し始めようとしているサインです。その時には、その人のために発言のタイミングを空けてあげる。これが呼吸が分かる人の会話術です。

こうした能力がとりわけ優れているのが、テレビの世界で活躍する「大物ＭＣ」と呼ばれるような人たちです。

例えば所ジョージさんは、こちらが話したそうにしていると、すぐ話を振ってくれますし、「この話題は苦手だからこっちには振ってほしくないな」と思っている時には絶対に振ってきません。

これは場の空気を非常によく把握しつつ、出演者の呼吸や表情を読んでいるから出来る芸当です。話したそうにしている人を瞬時に見極め、絶妙のタイミングで話を振っていく。これが出来るＭＣがいる番組には勢いがあります。

テレビに出ている人はこれがみな出来るかというとそうでもありません。例えば新人アナウンサーだと、単に段取り通りに番組を進行することだけに意識が集中していて、出演者の呼吸を感じ取れていない人もいます。そうするとどうしても場が硬いままになってしまい、画面を通して見ていても、いきいきしたやり取りのない番組になってしまいます。

私たちの会話には、テレビのMCほど呼吸や表情を読む技術は要りませんが、ただ誰もが「MC的な能力」を求められる時代になってきている感じはします。

関係性の認識を伝える

会話には、それを通じて互いの「関係性」を確認するという機能もあります。もちろん対等の立場でやり取りする会話もありますが、そうでない場合は、立場の違いを尊重し、関係性を確定させていくという機能を会話は果たしています。

この時に重要な要素となるのが敬語です。敬語を使うということは、相手に対する敬意を言葉遣いで示すということです。

年上の人と自分、取引先の人と自分、会食をしてお金を払う側とおごられる側。立場が変わると敬語の使い方も変わりますが、適切な敬語を使うということは、「自分はあなたとの関係性を認識していますよ」というメッセージです。そのメッセージを会話の中に織り交ぜていける人は「社会性がある」と評価されることになります。

一方、対等な関係の中で敬語を使うのはよそよそしい雰囲気になってしまいます。しかし、互いの関係性がはっきりしていないうちに、対等な言葉遣い、いわゆる「タメロ」で話してしまうと、実はその相手が「かなり年上だった」とか「上司の奥さんだった」などという場合に気まずい空気になってしまい、その後の関係性の再確認がなかなかしにくい状況が生まれてしまいます。

ですから関係性がはっきりしていない相手に対しては、最初は探りをいれながら、適度に敬語を交えて会話を続けるのが正解です。

この関係性について、日本人は比較的年齢で上下関係を安定させる傾向があります。とりあえず年上を敬うという風土があります。

これがアメリカだと事情がだいぶ変わってきます。アメリカでは相手の年齢を聞く習慣がほとんどなく、年上の相手にもフランクに愛称で呼びかけます。もちろん敬語はあるのですが、これは相手が年上だからといって使うのではなく、主に命令系統上、自分より上位の人に対して使うのです。ですから同じ組織の中でも、プロジェクトによってポジションが変わると、それまで対等に話していた相手に急に敬語を使うようになったり、敬語からタメ口に変わったりということが起きるのです。

日本の場合、上司と部下の関係が逆転したからといって、急に年下の上司が年上の部下にぞんざいな口の利き方をすることは多くありません。おそらく多少の気まずい思いはありながらも、互いに敬語を使い合いつつ、次第に関係性を安定させていくことになると思います。年齢重視というのは、アメリカとはずいぶん違う点です。

また時代とともに関係性が変化する場合があります。かつて医者と患者の関係は、医者のほうが上位にありました。しかし最近は、患者を顧客と捉えることも多くなり、病院は患者を「患者様」と呼ぶようになってきています。

こうした関係性の変化も読み取って丁寧なものの言い方をすることが、「常識ある人間である」というアピールになるのです。

「甘えの会話力」の効用

一方、「タメ口」にも実は大きな効用があります。

テレビの世界では、「誰に対してもタメ口」というのが売りのタレントがいます。大御所に対しても臆せず、タメ口で話しかける。

一見社会性がないようですが、実はこういう人は人間関係力が高いとも言えるのです。親しい口調で話しかけることにより、目上の人の懐にスッと入ることが出来ているのです。

実は目上の人から可愛がられるのは、こういうタイプの人が多いのです。他人行儀が過ぎるとなかなか可愛がられません。程よくくだけた口調を使いこなせる人のほうが、目上の人にしてみれば親しみが湧きやすく、可愛がりやすいのです。

実は日本人に特有の会話力の一つに、「甘えの会話力」とでも呼ぶべきものがあります。日本人の「甘え」については土居健郎《たけお》氏による『「甘え」の構造』(弘文堂)に詳しく書かれていますが、他者への依存である「甘え」が、日本の社会の中では時に肯定的に評価されてきました。

会話の中でも、相手に上手に甘えることが出来る人は可愛がられます。逆に、甘えることの出来ない人は、相手との距離が出来てしまってどうしても可愛がられにくいのです。

この場合の「甘え」を表現する方法は、本来は敬語を使わなければならない相手に対して、適度に親しい口調を交えて親密さを醸し出すやり方の他に、「程よい自己開示」というものもあります。自分のプライベートや弱み、人間臭いところなどをさりげなく開示し、相手に自分という人間を理解してもらえるようにするのです。

開示する程度を間違えて、自分をさらけ出し過ぎると、却《かえ》って怪しまれたり人間性を疑われたりしかねませんので、注意が必要です。

このように、お互いの関係性を意識し維持しつつも、ところどころで甘えや自己開示を会話の中に盛り込み、相手の懐に入り込んでいく。これが「甘えの会話力」です。

ここに相手を褒めて気持ち良くさせる技術が加われば、鬼に金棒です。優秀な営業マンは、これらの技術を意識的、あるいは無意識に使いこなしている人だと言えます。

話題をズラすのも「雑談力」

第一章で「会話力の三段階」について説明しました。その中で、最も基礎的な力が「雑談力」だと言いました。

「雑談をするのに特別な力がいるのか」といぶかしがる人もいるかもしれませんが、初対面の相手と雑談が上手く出来ないという人は、実は意外に多いのです。

雑談は人間関係を作るベースとなる会話力です。初対面の相手でも、たわいもない話をすることで気心を通じ合わせていくことが出来ます。

逆に、初対面の人と二人きりの場面で、雑談することが出来ないと非常に気づまりな感じになります。その状態が長く続くと「この人とはなんとなく合わないな」となってしまい、せっかくの人間関係を深めるチャンスをふいにしてしまうことにもなりかねません。

雑談は人間関係を作ることが目的ですから、話の中身は重要ではありません。むしろあまり意味がなく、結論の出ない話を延々と続けることが重要です。天気の話でもいいし、その時々の世の中の話題でもいい。話を広げるだけ広げ、話が行き詰まりそうになったらスッと話題をズラす力が雑談力です。

そういう意味では、芸能人の恋愛話や結婚・離婚の話、あるいはその訃報までが格好の雑談の材料になります。誰もがその存在を知っていて、話題に取り上げても誰も傷つかない。ある意味で、芸能界の存在意義というのはここにあると言っても過言ではありません。

反対に注意しなければならないのは、宗教の話と政治の話です。信教の自由や思想信条・政治信条の自由は憲法で認められている自由ですから、そこの話題に深く入り込むことは非常に危険です。ましてや自分の信条を押し付けたり、うっかり相手が信頼している宗教・宗派や政党を批判したりしてしまうと、本気の口論に発展しかねません。これは避けるのが賢明です。

そういう時に有難いのが、スキャンダルが報じられている政治家の存在です。言葉は悪いのですが、号泣議員や辞職を余儀なくされた前都知事はこうした場合、格好の「生贄《いけにえ》」

です。メディアやネットによって、その人に関する噂話が社会全体で共有されており、皆がその問題について何かしゃべりたがっている。

これが、誰でも知っている存在だからといって「そういえばプラトンがね……」と話を切り出してみても、日常会話の中では全く盛り上がりません。それに対して社会的に叩かれたり、よからぬ噂を立てられたりしている政治家・著名人の話というのは、間違いなく皆の大好物です。自分の品性が疑われない範囲で、ネタとしてこれらをチョイスするのは雑談の定石《じょうせき》です。

ただし、こうした話題には旬があります。だいたい世の中で注目され出して二週間が旬の期間でしょう。旬が過ぎたネタを引っ張り続けると、「情報の感度が悪い人だな」という印象を相手に与えてしまいますので要注意です。

雑談をいくらでも広げられる力がある人は、「場を温める力」がある人です。「場を温める」ということは、社会人にとって重要なマナーです。場の空気を冷たいものにしてしまう人は、良好な人間関係を築けません。

ただし、場を温めるということは、頭の良さや知識の量とはあまり関係ありません。もっと身体が関係しています。やはりオープンなマインド、オープンなバディを持っている人が場を温めることが出来るのです。

「飲み会の会話力」は「蹴鞠の精神」

人間関係のベースを作る「雑談力」というのは「飲み会の会話力」に非常に近いものがあります。

飲み会というのは、ただお酒を飲むだけでなく、普段はなかなか表に出さない人間臭い一面をお互いに晒《さら》すことによって、互いの親密さを増すという機能があります。つまり、ここでの会話も、人間関係を築くための会話という側面を持っているのです。

ということは、やはり話を出来るだけ広げて、延々と会話を楽しむという気持ちが必要です。時々、「つまりこういうことだよね」とすぐ話をまとめたがる人がいますが、これは単に話の腰を折ってしまうことになり、飲み会の会話としてはマナー違反です。

また話題を自分の土俵に持っていき過ぎないことも必要です。その場にいる全員が参加出来るよう、きちんとその話題の文脈に乗りながら、自分はそこに小ネタを入れていくくらいの姿勢で臨みましょう。

話の流れを遮らないコンパクトなネタを放り込み、話題の火にどんどん油を注いでいきましょう。また話が途切れそうになった時にも、新たなネタを放り込んでどんどん話をズラして永遠に楽しめるような話の持っていき方が出来れば最高です。

他の人の話の中に、次の展開が見込めるフックを探して、そこに上手く引っかかるネタを放り込む。**これが話を途切れさせないコツです。**

雑談力や飲み会の会話力には、全員が参加出来て、なおかつ球を地面に落とさない「蹴《け》鞠《まり》の精神」が必要です。サッカーのように、ゴールを決めて終了、としない心構えが大切です。

テンポ感があると「盛り上がる」

人間関係を築く大切な雑談力ですが、そこにこれが加われば鬼に金棒というものがあります。それがテンポ感です。テンポ感は会話の命です。意味のやり取りをあまり含まない日常的な会話には、テンポを楽しむという面もあります。

これはポンポンポンポンと調子のいいテンポだけを重視すればいいというわけではありません。しみじみとした会話の時には、ゆっくりした言葉で、しみじみのテンポで話すのが正解です。

一方で、ポンポンポンポンポンと、漫才のボケとツッコミのようにやり取りするテンポ感が、現代はどんどん高速化し出しています。

漫才のやり取りが高速化したのには、ビートたけしさんの影響も大です。漫才ブームの先頭を突っ走っていたツービートは、それまでの漫才とは比較にならないくらい速いテンポのボケの連発とツッコミの応酬を発明し、それが見ている人にとって非常に新鮮だったのです。

そのたけしさんはいまこう言っています。

「いまの漫才は自分たちのころに比べてずいぶんテンポも速いし面白い。技術面がすごく上がってきている。自分たちはあの時代でよかった」

高速化の傾向は一般人にも広がってきています。そして、テンポを維持出来ない人は会話の中で乗り遅れる傾向があるのです。

一度速くなった会話のテンポは、より速くなることはあっても、ゆっくりになることはまずありません。つまり、速いテンポでやり取りする技術も、現代人には必須の能力となってきているのです。

速いテンポのやり取りの場合は、まさにテンポが重要なのであって、内容は伴っていなくても構いません。

「最近どう？」と聞いた時、「え、いや〜。最近ですか……」なんて考え込んでしまうと、言葉をかけたほうは「なんだかな〜」という感じになってしまいます。

こういう場合の返答は、極端なことを言えばなんでもいいのです。「絶好調です」でも「最近ちょっと仕事でやらかしちゃって」でも構いません。英語では「How are you?」には基本的には「Fine」などと短く答えるのが原則ですが、同じように、相手が話のきっかけとなる言葉を投げかけてくれた時には、考え込まずにポンポン言葉を返していく姿勢が必要です。すると、会話にがぜん「盛り上がっている感じ」が出てくるのです。

若者の驚異的なコメント力

携帯電話やスマートフォンの普及に合わせるように、近年「若者のコミュニケーション力が低下している」という声をよく耳にするようになりました。

本当でしょうか。

大学の教員をしている関係上、私は一〇代後半から二〇代の人とよく付き合っていますが、そこで実感するのは、「若者のコミュニケーション力は上がっている」ということです。

そう感じる理由の一つは、若者の驚異的なコメント力にあります。私はYahoo!ニュースで最新のニュースを確認する時に、ニュースそのものだけでなく、ページの下のほうにあるコメント欄をよく見ます。社会的なニュースに世の中の人はどう反応しているのかが分かって楽しいのですが、それを見ていると本当に爆笑してしまうほど面白いコメントがたくさんあるのです。

社会的な事件を上手にパロディーにしているものや、ユーモア感覚に溢れたものもある。「こんなに上手なコメンテーターはテレビの世界にもそうはいない」というレベルの高さなのです。そういう部分で、私は若者の言葉選びのセンスの高さを感じているのです。

私は授業の中で学生にいろんな課題を出します。例えば「デカルトの『方法序説』を読んで、それで刺激を受けた部分から授業案になりそうなものを挙げてくれ」という具合です。「次回の講義までにちゃんと用意しておくこと」と言うと、想像以上の答えを返してくる学生が多いのです。

最近の学生は、対面状況で表現するのは遠慮がちですが、準備のための時間を設け、パソコンでまとめさせたりすると、内容の濃い、ビジュアル的にも楽しいものを仕上げてくるのです。

また彼らは主に友達同士のやり取りですが、SNSを通じて、短い文章と絵文字を駆使し、猛烈な勢いでコミュニケーションを取っています。彼らの「絵文字文化」は、ある意味で言葉以上に感情を伝えることが出来ます。「先輩に誘われた飲み会、参加するしかないよね(´Д｀)=3」と絵文字を添えてやり取りすれば、お互いに「『やれやれ』という感じだけど、仕方ないから参加しておこうか」といったニュアンスまですぐ分かります。

若者は、高齢者や中高年に「飛び込め！」

SNSの短い文面に絵文字を使ってこれほど感情面を上手に乗せていけるのであれば、本来は感情を表現する力も十分にあるのです。ただこれが友達同士の中でだけ発揮されている。これをそれ以外のところでも上手に利用することをもっと考えるべきでしょう。

例えば、上司に送るメールの中に絵文字を使えるとしたら、その人は結構オープンな人だと言えます。通常の上下関係からもう一歩踏み込んで親密な関係を築こうという意欲のある人です。

もしもこれからトライしてみようという人がいたなら、急に絵文字入りのメールを送り始めるのも唐突なので、最初に絵文字付きのメールを送った後に「今日は課長へのメールに絵文字を使ってみました。どうでしたか？」と聞いてみましょう。

もしかすると、「君、仕事のメールに絵文字ってどうなの？」とチクリと言われるかもしれませんが、「いやいや、感情表現の豊かなメールにしようと思いまして」くらいの感じで応じればいいと思います。これなら上司も「じゃあいいか」と受け止めてくれるのではないでしょうか。むしろ、従来の関係を越えて一歩踏み出してくれたことを喜んでくれるかもしれません。

もちろん、誰に対して絵文字を使っていいのかを判断する社会性は必要です。いきなり誰にでも送っていいというわけではないので、その見極めは重要です。

ただ最近の若い人を見ていると、バランス感覚が非常にいいなと感じます。割とマナーもよく、目上の人に対して失礼なことを言ったりする場面はあまり見かけません。

むしろ公共の場のマナーの悪さが問題になっているのは高齢者の方のほうかもしれません。最近は、高齢者で傍若無人に振る舞う人が社会的に問題になるケースも見受けられます。

若い人は、相手に対して失礼にあたることをする心配よりも、むしろ「踏み込み不足」のほうを気にするべきだと思います。遠慮し過ぎて、相手の懐に飛び込めていない。これはとてももったいない状況です。

若い世代の人たちは、メールなどで絵文字も使え、コメント力もあり、ユーモアセンスも持ち合わせている。もともと持っているそういう力は、友達との間では十分に発揮されているわけですが、これをちょっと年齢が上の人や上司に対して小出しに出来るかどうかが問われています。**持っている能力を活用する勇気の問題だけです。**

慣れていくためには、まずは質問をしてみることから始めるのがいいでしょう。

私は授業でも「目上の人に対して、相手の気持ちを引き寄せる質問をしてみよう」という取り組みをさせています。実際にやってもらうと、どんどん質問のアイディアが出てくるようになります。

アイディアが出てきたら、それを実行してみます。学生にも一週間の時間を与えて、「身の回りにいる高齢者や中高年に質問をして、話を盛り上げよう」という課題を出すのです。学生に成果を聞いてみると、「すっかりお年寄りに気に入られました」というのは非常によくある答えです。中には年上の人との接し方が巧みになり、就職活動は全戦全勝、実際に希望の会社に就職して配属されたのは社長室だったという女子学生もいました。年上に対して質問をして話を盛り上げるというのは、実社会で大いに役立つ技なのです。

スピード感を出すトレーニング

会話というのは、昔から人類が行ってきたことですが、現代社会には現代社会の会話力が必要です。三〇年前に書かれた会話の指南書を開いてみても、その時代にはSNSがないわけで、そのことに触れた本はありません。ところがいまは若い人を中心に、みな猛烈な勢いでスマホや携帯でメールやコメントを打ちまくっています。私はこれも広い意味では会話の一種と捉えています。

そしてこのSNSを使った会話の量が爆発的に増え、質も格段に上がってきています。それを牽引《けんいん》しているのが若者たちで、彼らはSNSを通じた会話であれば、何時間もやり取りし続ける体力も備えています。つまり若者は会話の基礎体力が備わっていると言えます。

一方で彼らには「会話ベタ」という烙印《らくいん》が押されることがよくあります。これはSNS

で培った会話力を仕事の場で生かす術《すべ》を持っていないからなのです。ＳＮＳの会話力と対面状況下での会話力との関連性が完全に切れてしまっているのが若者の特徴です。

だったら、そこを関連付けるトレーニングをすればいいのです。実際、プレゼンテーションの技術などにしても、若い人は教えると、たちどころに体得する器用さを持っています。トレーニングをすればすぐに会話力は身につきます。

実践的なトレーニング法を紹介しましょう。

私は授業で「読んできた本について」「自分の好きなものについて英語で」といった課題を与え、学生に1分間でプレゼンテーションをさせています。最初は難しがっている学生も数回もやればすっかり慣れてスイスイこなしていくようになります。

そこで時々、「今日は時間がないので30秒で」と言って同じことをやらせます。これも最初はまごつく学生がいるのですが、次第に30秒ずつのプレゼンがスムーズに行われるようになるのです。「次は、15秒で」と短くしても、少し練習すると上手に対応します。さすがはＳＮＳで短く適切なコメントを書き慣れている世代です。

この時「あの〜」とか「え〜と」という言葉は禁止です。これを口にした学生は切腹ものです。これは徹底させます。

現代社会はスピーディーな社会です。会話でのスピード感が必要です。会話でスピード感を出すトレーニングをきちんとしたことがないから出来ないだけなのです。ちょっと練習すれば、みな要件をスパッと言って気持ちのよいプレゼンが出来るようになります。一人でもスマホのストップウォッチ機能などを使って30秒計ってやってみるといいでしょう。自分の話し方がだんだんシャープになっていくのが実感出来ると思います。

「リアクションは少々大げさに」

年配者が若い人と話をした時に一つ困ることがあります。それは、「あまり反応がない」ということです。私も授業の時、学生に対して「なにか質問はある?」と聞くと、シーンとなってしまうことが時々あります。

質問がない以上、また私が話すことになるのですが、こういう状態だと私が一人でずっと話すことになってしまいます。きっと年配者の方の中には、若者と話していると、なぜか自分ばかり話をせざるを得なくなると感じている人もいるのではないでしょうか。これでは年配者も疲れてしまいます。

繰り返しますが、会話の基本は「リアクションは少々大げさに」です。そして、相手の関心を引くような質問をポンポン投げかけてみる。それを実行すれば、年齢が離れた世代の人ともスムーズに心を通わせることが出来るようになるのです。

第三章　情報交換とは「贈与」と「返礼」の精神

「贈与の習慣」で、相手と気持ちが繋がる

この章では、第一章で説明した会話力の三段階の第2段階、「意味のやり取り」を含んだ会話力について説明していきます。

アメリカのファンタジー小説『ゲド戦記』（岩波少年文庫）は、相手に本当の名を知られてしまうとその相手に自分の魂を委ねることになってしまう、という世界が舞台になっています。その世界の住人は、普段は通り名の使用を余儀なくされていて、主人公の魔法使いゲドも、普段は「ハイタカ」と名乗っているといった具合です。

そのゲドが打ちひしがれている時にやってくるのが、後にともに敵と戦うことになる魔法学校の同級生「カラスノエンドウ」で、彼は「おれの名は、エスタリオルだ」とゲドに対して本名を明かします。それまで力を落としていたゲドは、カラスノエンドウが真の名前を明かしてくれたことに感動し、「エスタリオル。おれはゲドだ」と返します。

普通なら絶対に他人に明かすことのない実の名を互いに明かしたことにより、ゲドは立ち直るきっかけを得、そして二人の信頼関係は強固なものとなったのです。

実は似たような信頼関係の深め方は、私たちも日常生活の中で行っています。

フランスの社会学者マルセル・モースは『贈与論』（ちくま学芸文庫）の中で、「多くの文明において、交換と契約は贈り物の形で行われる。これは理屈では任意だが、実際には義務として与えられ、それに対して返礼される」として、**人類は昔から他者にものを贈ることで関係を築いてきたと説きました。**

モースが特に注目したのが、アメリカの先住民族の間にあった「ポトラッチ」という風習です。部族の中の有力者は客を招いてもてなし、贈り物を与えるのですが、これらの行為は、相手との関係性を作っていく有力な方法でもあり、自分自身の力を誇示する重要な手段でもありました。そのためポトラッチは、互いに意地を張り合って贈り物合戦に発展することもあったのですが、そこまで激しくならないまでも、贈与し合うという風習は私たち人類の中に昔からあるものなのです。

会話にも同じことが言えます。

ものを交換し合うのではなく、お互いに情報を交換したり、同じ秘密を共有したりすると、相手との間に強い気持ちの繋がりが出来るのです。

ただ困るのは、自分が適当な情報を持ち合わせていない時です。

相手に話すだけ話させて、自分はほとんど話さないということになると、「交換」が成り立たず、相手に不快な印象を与えることになってしまいます。

例えば相手が「おいしいレストラン」をいくつも紹介してくれたとします。ひとしきり話題が盛り上がった後に、「ところであなたは何かない？」と聞かれて、「いえ、何も……」ということになると、相手はがっかりしてしまいます。一方的な情報の持ち出し感に襲われ、きっとあなたに対して「もう一度会いたいな」とは思ってくれないでしょう。

こうした時に、もしも自分が適当な情報を持ち合わせていないのであれば、せめて誠意のある返答をするべきです。

例えば「私はたいしたお店には行っていないのですが、その中でもこのお店は、価格の割に料理がおいしくて……」というように、自分が知っている情報を総動員し、相手が求めている返答に少しでも近い形の話をするのです。そうすれば相手は「この人は誠意があるな」と好印象を持ってくれます。

あるいは「私自身は詳しく知らないのですが、最近読んだあの雑誌に、おいしいお店の特集が載っていました」というように、情報がより集まっているところを紹介してあげるのです。これも相手に誠意を示すいい方法です。

相手から情報の開示があった時には、あなたの側からも情報の交換が必要です。相手に一方的な持ち出し感を与えない振る舞いが必要なのです。

相手との距離をグッと縮める演出

前述の『ゲド戦記』のケースにも言えることですが、会話の中で開示するのが単なる「情報」ではなく、他の人には打ち明けていない「秘密」であった場合、二人の間の親密さは格段に深まります。

全く秘密を開示しない会話は「知り合い同士の会話」ですが、少しでも秘密を開示し合うようなところがあると、「友達同士の会話」という感じになります。「実は周りの人には言っていないのですが、この間こんな病気をしまして」とか「こんな失敗をしてしまいまして」と切り出したところに、「そうですか。実は私も……」というように話が展開していけば、それほど親しくなかった間柄が一気に打ち解けることが出来るようになります。

また「秘密の開示」と同じような効果を持つのが、「裏話の披露」です。表立っては出来ないような裏話を「ここだけの話ですが」という形で互いに披露し合うと、やはりお互いの関係は近づきます。

ただ、裏話の程度には注意を払う必要があります。分かりやすいように裏話のレベルを三段階に分けてみましょう。

たとえ表に出されても問題ないという段階を［第1段階］としましょう。それを聞いた相手が、ツイッターに上げてしまっても大丈夫というレベルです。この程度の話なら、気軽にやり取り出来ますが、相手との親密さが一気に増すというほどではありません。

［第2段階］は、その場限りで楽しむのなら大丈夫なレベルです。そこで披露することで第三者に迷惑がかかることもなく、そのエピソードを話したからといって自分の人格が疑われることはない話です。「ちょっとここだけの話だけど」というレベルです。

［第3段階］は［第2段階］よりさらにダークな話です。本当の秘密の暴露のような話で、これを人前で開示するのは非常に危険です。本来は口にすべきでない「本音」もこの部類に入ります。

ときどき初対面の相手に対して、無理にサービス精神を発揮しようとして、いきなり［第3段階］の裏話や本音を披露し、その場を凍りつかせてしまう人がいます。これは大人の会話術とは呼べません。会話の上手な人は［第2段階］の裏話を上手に使い、フォーマルな場でもちょっとだけくだけた感じを演出して相手との距離をグッと縮めています。そういう技を持っている人が、一、二回会っただけの人とも親密な関係を作ることが出来るの

会話はこうして展開する

です。

リアクションこそ「返礼」

会話では「返礼」という側面も見逃せない要素になっています。

相手が情報を開示してくれたことに対し、自分からも情報を提示出来ればいいのですが、それが出来ない場合は別の形で「返礼」することで、会話を展開し続けることも可能です。

返礼の中で一番簡単なのは、相手の話に対して「ちゃんとリアクションをする」ということです。

相手の話に、「頷く」「相槌を打つ」「驚く」「拍手をする」といったリアクションを少し大げさなくらいに取るのです。リアクションも一つの技術です。面白い話が出来ないという人は、このリアクションの技術を徹底的に磨いてみるのも会話力をアップする一つの手段です。

リアクションが上手な人がいると会話が盛り上がりますし、話す側も非常に話しやすくなります。リアクションにどんどん乗せられ、気持ちよく話せるようになるのです。たとえ面白い話をしてくれなくても、大きなリアクションを示してくれる人は、会話の場で好まれるようになるのです。

リアクションの他にも、「質問をする」という返礼の仕方があります。

自分から新しい情報、お得な情報は提供出来ないけれど、相手の話の内容に沿って、「エッジの利いた」質問を投げかけるのです。

あるいは「自分のエピソードを開示する」というのも返礼の一つの手です。話の内容に沿った形で、「そういえば私にもこういう経験がありました。いまのお話ってそういうことですよね」とさりげなくエピソードを手短に披露するのです。

そういう質問やエピソードの開示は、相手に対して「私はきちんと話を聞いて理解していますよ」というサインを送るのと同時に、会話の文脈を少し横にズラして展開させるという役割も果たします。話し手にとっては「そうそう、それはね……」と話題の方向を新しい地平に向けるきっかけになりますので、さらに気持ちよく話を進めることが出来る作用をもたらすのです。

このように、自分から相手に開示する新情報や面白い話がない場合でも、返礼意識をしっかりと持っているのといないのとでは、会話の盛り上がり方が全然違ってくるのです。

難癖の嫉妬心から解放される

しかし、人間には素直に返礼出来ないという場合もあります。例えば、企画会議で同僚が素晴らしいプレゼンをした場合。本当なら盛大に拍手したりして大きなリアクションの返礼をしてあげるとさらに会議が盛り上がる場面ですが、「それもアリだけど、現実的には難しいよね」などとついつい水を差すようなことを言ってしまう人もいます。

そういう難癖が飛び出してしまうのは、自分の中にある嫉妬心のせいです。シェイクスピアは『オセロー』の中で、嫉妬心を「グリーンアイド・モンスター」(緑色の目をした化け物)と呼び、忌むべきものとしました。また、ニーチェは「嫉妬の炎につつまれた者は、最後には、さそりと同様に、自分自身に毒針を向けるのだ」と評しています。

いずれにしても、嫉妬心というものは自分自身を小さくする害悪にしかならないということです。ですから、周りの人がいいアイディアを出したりした時には、難癖をつけるのではなく、むしろ「おーっ」と声を上げ、少々大げさなくらい拍手してあげるべきなのです。適切なタイミングで相手をスッと褒めてあげることが出来ると、不思議と自分自身も嫉妬心から解放され、気持ちが軽くなります。誰かがいい意見、面白いアイディアを言ったら、大げさにリアクションする。そのことを癖にしておくと、いつも軽やかな気持ちで過ごすことが出来るようになるのです。

エクストラ情報を盛り込む

会話の中に盛り込まれていると価値があるのは、「ちょっと耳寄りなお得情報」です。

レストランでは通常のメニューの他に、一部のお客さんにだけ「裏メニュー」や「賄いメニュー」を提供する場合があります。これを提供された側は、常連客として扱われたような気持ちになり、非常に気分がよくなるものです。

あるいは定食屋さんでも、顔なじみになるとときどき小鉢料理を一つサービスしてくれたりします。これも非常に気分が上がります。

このようなエクストラ・サービスというものは相手にお得感と、「自分は尊重されているんだな」という優越感を与えることが出来るのです。

会話の中で、このエクストラ情報を盛り込んでいける人は相手から好印象を持たれます。

エクストラ情報というものは、何かの分野の専門家であれば、多かれ少なかれ持っているものです。

少々恥ずかしい経験なのですが、私が大学院に通っていた時代、世の中はバブル経済の真っただ中にありました。もちろん大学院生の私は無収入で、バブル景気とは全く無縁の生活を送っていましたが、周囲には「土地を転売して大儲けをした」「札ビラをひらひらさせないとタクシーも止められない」といった景気のいい話がゴロゴロ転がっていたのです。

「世の中いったい何なんだよ」と毒づいたりしていたわけですが、一方で「こんなに株価が上がっているのなら、ちょっと手を出してみるのも悪くないかな」と思う気持ちもあったのです。思い起こせば、子どものころからコツコツ貯めていた貯金が五〇万円くらいあったのです。

私は思い切って貯金をはたいて、人生初の株式投資に乗り出しました。ところがそれはまさにバブルが弾ける直前のタイミングでした。コツコツ貯めてきた私のお金は、一気に価値を減じる結果になってしまったのです。やはり慣れないことはするものではありません。

しばらくたってから、この話を何気なく株式投資の専門家にしてみました。するとその人は、「もしもその時に相談してくれればそんな損はしないで済んだんですよ。齋藤さんが株を始められたころには、『そろそろバブルは弾けそうだ』と専門家はみな分かっていたのです」と言われ、再度悔しい思いをすることになってしまいました。

このように、一般の人には流通していないけれど、その道の専門家の間では半ば常識になっている情報も、エクストラ情報になり得ます。

昔から「医者と弁護士に友達がいると助かる」と言われているのも、こうした知り合いがいれば、健康や法律上のトラブルについて掛け値なしのお得情報が、場合によってはタダで提供してもらえるからです。

もちろんそれ以外のジャンルでも、一般の人にしてみればお得という情報がたくさんあります。そうした情報を小出しに出来る人は、相手からすれば「付き合うとお得な人」ということになるのです。

「私のお薦めベスト3」

会話の中で、相手が知らない情報、知りたがっている情報を提示してあげる。これが出来れば相手から非常に感謝されます。

「クラシックに詳しいんですね。じゃあ、ショスタコーヴィチのCDで初心者にお薦めのものってありますか？」

話の流れでそんなことを聞かれた時です。

「まあ、いろいろありますけど、個人個人で趣味が違いますからね」なんて答えてしまうと、「なんだか役に立たない人だな」と思われてしまいますし、話もそこでプツッと途切れてしまいます。

逆に、具体的に二〜三点、お薦めのものを教えてあげられたら、「親切な人だ」「ありがたい」「もっとこの人と親しくなっていろいろ教えてもらいたい」と思ってもらえます。

それもただ思いつくままに二つ三つ挙げるのではなく、それぞれ違った観点からチョイスしてあげられるとさらに親切感が増します。

「そうですね。バイオリン協奏曲なら、例えばオイストラフは力強い演奏です。きれいな感じの演奏がいいならパールマンですね。それから……」

こんな具合に情報を提供出来て、さらに後からCDの画像をメールで送ってあげたりすると、「なんていい人なんだ」ということになります。

相手に何かを薦める時、一つのものだけを薦めるのと、違うジャンルのものを三つ用意しておくのとでは、相手の印象はかなり違ってきます。

レストランのソムリエに、「お薦めのワインはどれですか」と聞いた時、「これです」と一つだけ持ってこられるのと、「タンニンが濃いものがお好きならこちら。ボディがしっかりしたものならこれ。このワインは非常にフルーティです」という具合に三つ提示してくれるのとでは、どちらの対応に好感を持つでしょうか。圧倒的に後者だと思います。

会話の中で、相手に何かを薦める時、違う観点から三つ用意しておくと、相手に「お得感」を持ってもらうことが出来ます。

であるならば、日常的に他人に説明出来る「私のお薦めベスト3」をいろんなジャンルで用意しておくと、周りから「あの人と話しているとお得感が得られる」と評価してもらえるようになります。

映画好きなら、「オードリー・ヘプバーンの出演作ベスト3」とか「小津映画ベスト3」とか「ギャング映画ベスト3」という具合です。

三つ用意する際に、心掛けておくといいのが、一つはマニアックなものを入れておくということです。誰もが知っているものを入れておくことは、共通の話題を作りやすくていいのですが、一つはあまり知られていないマニアックなものを入れておくと、相手から「この人はそんなものまで知っているのか。奥が深いな」と思ってもらえるのです。

例えばオードリー・ヘプバーンの出演作ベスト3に、私だったら『昼下りの情事』を入れます。タイトルが彼女につかわしくないせいか、あまり知られていない作品です。しかし、観てみると実にオードリー・ヘプバーンが可愛いのです。これほど彼女が可憐《かれん》に撮られている作品なのになぜあまり知られていないのか実に不思議です。

それからギャング映画なら『白熱』です。ギャング映画の名作ですが、日本ではよほどの映画好きでないと知らない作品です。しかも一九四九年の作品でもちろんモノクロ映画なのですが、主演のジェームズ・キャグニーが小男なのにものすごい存在感で迫ってくる作品です。話の展開も速くて面白いのです。

こういう、あまり知られていないものをマイベスト3に加えておくと、誰かに紹介する時に、情報の幅と深みが出てきます。それが相手のお得感につながるのです。

私は松田聖子さんのファンなので、時々テレビ局やラジオ局から「松田聖子さんの曲のベスト10を選んでください」と依頼されることがあります。

テレビ局から依頼された時には、誰もが知っている曲をチョイスし、歌詞の解説をしました。

しかし、同じ依頼をラジオ局からもらった時には、ガラッと変えました。メジャーな曲ばかりを選んで番組で流せばリスナーは聴きやすいのかもしれませんが、それでは「新情報がない」という感じで私の気がすみません。わざわざ私が選ぶ必要もありません。

そこでこの時は『制服』『真冬の恋人たち』『P・R・E・S・E・N・T』『マイアミ午前5時』『ハートをRock』といった曲を選びました。松田聖子さんのヒット曲は知っていても、こういったB面の曲やアルバムにだけ入っている曲は知らない人も多いはずです。ランキングが発表されるごとに「知らな〜い」という声が聞こえてきそうでした。

なにしろ、ラジオ局のスタッフの反応も大半はそういうものでした。ところがラジオで曲をかけると、「いい曲！」という感じに次第に変わっていき、番組が終わった時にはとても喜ばれました。スタッフの中にいた松田聖子フリークの男性には、「選曲が素晴らしい」と絶賛されました。筋金入りの聖子ファンには鉄板の選曲だったのです。

「頭が良くなる」トレーニング

情報をやり取りする会話では、情報の豊富さが会話の豊かさを左右します。

大学の授業で時々「頭の良くなる授業の方法を考えてほしい」と学生に課題を出すことがあります。特定の教科が得意になるということではなく、頭自体が良くなる授業法を考えてほしいということです。

それぞれ「頭が良くなる」ということを、「問題整理力がつく」とか「ものごとの優先順位がつけやすくなる」とか、あるいは「文脈力が高くなる」「記憶力が良くなる」という具合に定義してもらい、その力を伸ばすトレーニング法を考案して発表するように、という課題です。

すると、トレーニング法として挙がってくるものに「本を読む」というものがやはり多いのです。私も異論はありません。本を読むとまずそこに書いてある知識が身につく。それだけでなく、本を読む行為は頭を使う行為なので、読書をすること自体に脳を鍛えるトレーニングという側面もあります。

そこで学生には、改めて本を読むトレーニングをしてもらうのです。

本の読み方にはいろんなやり方があります。学生にやってもらうのは、「著者が言いたいことを瞬時につかむ読書法」です。

具体的には学生には新書を持ってきてもらいます。二人一組になり、その新書を交換します。そして3分とか5分とか時間を区切って互いにその本を読んでもらう。それが終わったら、今読んだ本の内容を相手に説明するのです。いわば「瞬読トレ」です。

聞くほうは、自分が持ってきた本ですからどんなことが書いてあるのかはよく知っている。その相手に向けてざっと説明するのです。ちょっと難しそうですが、やらせてみると案外出来るものなのです。

こういうトレーニングの素材として、新書は非常に適しています。小説などは冒頭から読み込んでいかないとなかなか全体がつかめない。しかし新書は全体にざっと目を通し、内容の濃そうなところをチョイスして読んでいけば、どういう順番で読んでも問題ないからです。

第一、文学作品は内容を要約しても意味がありません。新書は知識を扱うものです。ざっと読んで要点をつかむトレーニングに最適です。

このように、「要約して人にしゃべる」というアウトプットを念頭においた読書は生産的な読書になります。

大人がその気になれば、5分とか10分程度の時間で、その本で著者が何を言おうとしているのかを把握出来るようになるのです。そのことに気づいていない人が多過ぎます。新書を読むのに三〜五時間程度は必要と思っている人がたくさんいるのです。じっくり読めばそれくらいかかるかもしれませんが、時間をかけずに内容をつかみ取っていく読み方もあるのです。

それにじっくり読み込んでも、アウトプットを意識した読書でなければ、脳への定着率ははかばかしくありません。読了から一ヵ月後、誰かに「何が書いてあった？」と聞かれても、上手に説明出来る人は少ないと思います。

一方、5分だけの飛ばし読みでも、その直後に要点をまとめ「こういう内容が書いてある」と誰かに説明することをやっておくと、一ヵ月たってもその内容は記憶されているはずです。飛ばし読みだからといって、内容の定着度が劣るわけではないのです。

知識の幅の広さを確保するために、新書を読むというのは非常に適した方法です。短時間でもいいのでアウトプットを意識した読み込みをして、読み終えたらその内容をコンパクトに誰かに伝えておく。こういう読書法を身につけておくと、あえて速読法などを学ばなくても、猛烈な勢いで本を読めるようになります。そして、そういう作業を経た新書を本棚に並べておくと、後から情報の確認をしたい時に極めて有効に使えるのです。

新聞は毎日、新書は毎週三冊読む

私は大学に入学したての一年生に、新聞を毎日読むことと新書を毎週三冊読むことを勧めています。ひと昔前の大学生は新書をよく読んでいました。そもそも新書というジャンルが、大学生をメインターゲットにしていたわけです。

ところが今の学生は新書をあまり読みません。新聞も然《しか》りです。そういう学生はかなり危機意識を持ったほうがいい。大学生時代に十分な知識の吸収が出来なくなる恐れがあるからです。

だから私は新書と新聞を勧めているのです。これをきっちり実行する学生は、大学生が持つべき知的教養については心配無用になります。

新聞は情報量において他のメディアを圧倒しています。幅広いジャンルをカバーし、毎日読んでいくと、情報のアンテナがいろんなところに立つようになってきます。さらに読み続けていくと、一本一本のアンテナの感度がだんだん良くなってくる。

また若い人にとっては、新聞の情報に基づいて話をすると、それだけで大人っぽい会話になるという効用もあります。特に年配者は新聞をよく読み、新聞の情報の精度を信頼しています。

「新聞に出ていたんですが、人間の幸福度を決めている因子は四つの要素に分けられるそうですよ。自己実現と成長、つながりと感謝、前向きと楽観、独立とマイペース。人間工学に基づく研究によるとこの四つだそうです」

こんな話が出来るようになると、情報も詰まっているので、会話の内容がグッと締まってきます。

相手のほうも「へぇ、独立とマイペースか。会社を辞めて独立した人は自分で時間が自由にできるから幸福度も高くなるのかな」というように、乗っかっていきやすくなります。新聞の記事はそもそも内容に公共性があるので、誰もが乗っかってきやすい話題です。それに対して、個人的な趣味や嗜好の話を相手に振っても、よほどノリのいい人でない限り、「あ、そうですか」という感じで話が広がらないということになってしまいます。

それくらい、新聞の記事は、会話の大きな武器になるのです。

テレビの「いま感」は活気を生む

世の中の動きを知るには、テレビのニュースや情報番組もいいのですが、やはりベースは新聞に置いておきたいものです。

新聞は毎日毎日同じような情報が書いてあるだけじゃないかと思っている人もいるかもしれませんが、少しずつ少しずつ新情報が積み上げられているのです。日本経済だって中国経済だって永田町だって日々少しずつ動きがあるのです。そのわずかかもしれない動きを、新聞を読んで感じることが必要なのです。

知識をきちんと定着させるためには、ペンキ塗りに似た作業が不可欠です。ペンキは一回塗っただけでは綺麗に塗れません。二回塗り、三回塗り、四回塗りと、塗りを重ねていくことによってムラなく綺麗な仕上がりになるのです。

新聞も同じように出来るだけ毎日読んでいく。そうすることによって、ムラなく、幅の広い知識が身につきます。

大学での勉強は、学問体系としては非常によくまとまっているものですが、必ずしも現代性があるものばかりではありません。だから、大学の授業で勉強した知識は、学生同士ならともかく、それ以外の人との会話のネタにはなかなかなりにくいのです。

しかし新聞で扱っているネタは、情報としてもしっかりしている上に、今日を生きる私たちに共通の話題です。「いま起きていること」ですから関心度も高いのです。

こんな格好の情報源は他には見当たりません。毎日目を通すことをぜひ習慣にしておくべきです。

また出来れば一紙だけでなく、時に複数の新聞を読むといい。同じ事情を取り上げながら、新聞によって着眼点や切り口が違います。新聞はどれを読んでも同じ、というわけではないのです。

自宅で複数を購読するのが難しいのであれば、図書館や公共施設のロビーなど、複数の新聞が用意してある場所に行ってみるのがいいでしょう。

若者が新聞を読まなくなったと書きましたが、じゃあ彼らはテレビで情報を得ているのかというと、意外にもテレビもあまり見ていないのです。

ですから授業の際に、テレビのワイドショーや情報番組でわいのわいのとやっているネタについて話が及んでも、学生の食いつきが良くない場合が結構増えてきているのです。

「授業やアルバイトで忙しくてテレビを見る暇がない」ということもあるでしょうし、「テレビよりもネット」という傾向もどんどん強まっているようです。

彼らにとっては、テレビはいまや「イケてない」メディアなのかもしれません。しかし、忙しく働いているクリエイティブな人たちには、テレビをよく見ている人が多いのです。テレビから、「いまの情報」のシャワーを浴びているのです。

テレビは新聞よりも新鮮なネタを扱うメディアです。テレビで扱うネタには、新聞以上に「いま感」があります。

会話の中に「いま感」のある話が出てくると、話題に活気が出てきます。あくまで新聞を読むのがベースですが、そのうえでテレビの情報をチェックしている人は、軟らかいネタを提供し、元気の出る会話を演出出来る人なのです。

日本史の知識は「会話の達人」への王道

新聞ネタの次ぐらいに、人々が食いついてくるネタがあります。それは「歴史ネタ」です。

テレビ番組でも歴史を扱ったものがいくつもあります。「歴史番組花盛り」と言ってもいいくらいの盛況ぶりです。

書籍でも歴史ものは人気ジャンルです。私も歴史に関する本をいくつか出していますが、中でも『齋藤孝のざっくり！日本史』という本は想像していた以上に売れたのです。それに気をよくして次に『齋藤孝のざっくり！世界史』も出しました。これは前作以上の自信作で、歴史を教えているような方々からもお褒めの言葉をいただいたくらいです。ところが売り上げは、『齋藤孝のざっくり！日本史』に及びませんでした。話のスケールは世界史のほうがはるかに大きいのに、です。

日本人は、世界史よりも日本史のほうが好きなのです。

であるなら、日本史についての知識を増やしておくことは、会話の達人を目指すうえでは有効な手段です。

まずは本を読むのが鉄則です。『武士の家計簿』を書いた磯田道史さんの著作などは私も大好きでよく読んでいます。

もちろん歴史番組も面白いものが増えています。

先日、BS12で放送している『せいこうの歴史再考』という番組を見ました。いとうせいこうさんの番組で、日本各地を旅しながらその場所の知られざる歴史を発掘するというものです。

私が見た回で扱っていたのは静岡県・駿府《すんぷ》でした。私の地元です。

駿府城の側には昔から東海道が延びていました。これは本通りと呼ばれているのですが、徳川家康はこの本通りと並行する新通りを造らせました。新通りはバイパスのようなもので、これが出来て以降、東海道の往来は新通りが中心となっていったのです。

番組では、この新通りを造った隠れた意図にスポットライトを当てていました。実はこの新通りから見ると、駿府城と富士山が重なって見えるのです。関西方面から東海道を歩いてくる人は、富士山をバックにした駿府城を眺めながら歩いてくることになります。家康はその演出のために新しい道を造らせたというのです。

この事実、地元出身の私も知らない話でした。こういう「えーっ、そうだったのか」という話が出てくると歴史のネタはがぜん盛り上がります。

とにかく歴史はネタの宝庫です。面白そうな歴史の本や番組はこまめにチェックしておくといいでしょう。

第四章　マインドフルネス――幸福感を味わう

「マインドフルネス」の基礎は瞑想法

「マインドフルネス」という言葉をご存じでしょうか？

目の前のことに本当に集中している状態をマインドフルな状態と呼び、その状態に心と体を持っていく瞑想法を基礎とする技法のことをマインドフルネスと言います。

マインドフルネスには、ストレスを解消し集中力を高めるという効果があるため、ストレス・マネジメントの方法として、いまビジネスパーソンの間で非常に注目が高まっています。書店に行けば『スタンフォード大学　マインドフルネス教室』（スティーヴン・マーフィ重松、講談社）や『マインドフルネス　ストレス低減法』（J・カバットジン、北大路書房）といった解説書が並んでいるはずです。

「会話力と瞑想法にどういう関係があるんだ」といぶかしがる人もいるかもしれませんが、実は私の中でこの二つは非常に密接につながっています。二〇代のころからかれこれ三五年間、私は瞑想法とコミュニケーション力を研究してきたと言ってもいいほどなのです。

「瞑想する身体」と「会話する身体」。両者はかけ離れているように見えますが、一人で瞑想するということは、誰かと相対した時に「相手の言葉に集中する」「落ち着いた自分でいられる」という状態に自分を整えることと重なる部分が多いのです。

自分自身を整えられていない人は、相手に依存し過ぎてしまう傾向があります。そういう状態になっていると、些細《ささい》な行き違いが生じただけで「裏切られた」と大騒ぎしてしまうということがままあります。

あるいは最初から相手をあまり信用しないために、自分の殻に閉じこもっていたり、常に対人関係を浅く保ちつつ他人をやり過ごしたりという人も見受けられます。いずれの場合も、そのままでは充実した人生を送ることは難しそうです。

自分自身も充実し、人と話すことで楽しくなれる。そういう状態に自分を整えるのに、マインドフルネスは有効な技法と言えます。

禅や森田療法も源流の一つ

一方で、マインドフルネスという英語にはなじみがないかもしれませんが、その技法というものは極めて東洋的、というより日本的なものなのです。

そもそもマインドフルネスの一つの源は、鈴木俊隆《しゅんりゅう》さんという曹洞宗のお坊さんが書かれた『禅マインド　ビギナーズ・マインド』（サンガ新書）だとされています。鈴木さんはアメリカにわたり、サンフランシスコ禅センターを設立するなど、アメリカで禅の普及に尽力された方で、その著書はアップルの創業者であるスティーブ・ジョブズも熱心に読んだ本としても知られています。鈴木さんはマインドフルネスに大変に影響力のあった人です。

また東京慈恵会医科大学の精神科医だった森田正馬《まさたけ》さんも、マインドフルネスに影響を与えた人物です。

森田さんは、精神神経症になってしまった人が、お寺の作務《さむ》——掃除や食事を作ったりする作業——をしているうちに症状が改善していることに気がつき、行動療法というものを開発した人としても知られています。

考え過ぎてしまい精神のバランスを崩してしまった人は、身体を使った作業をすることで気持ちが楽になる場合があります。これを発展させたのが森田正馬さんの「森田療法」と呼ばれるものです。

『スタンフォード大学　マインドフルネス教室』には森田療法についてこう書かれています。

「回復に必要なのは強い意志によって症状を追い払うことではなく、自然な回復を妨げないことだと森田は考えた」

また同書では、浄土真宗の僧侶・吉本伊信《いしん》さんが考案した「内観」についても解説しています。

もともと浄土真宗の一部には、断食・断眠・断水という状況で黙想し、自分の行為を振り返る「身調べ」という修行法があったのですが、それを一般の人も行えるように発展させたのが吉本さんの「内観」です。

これは静かな場所に一週間ほど籠もり、「人からしてもらったこと」「して返したこと」「迷惑をかけたこと」をひたすら思い出し続けるというものです。

私もこのプログラムに取り組んだことがありますが、人からしてもらったこと——主に母親からですが——を細かいことも含め丹念に思い出します。「してもらったこと」というのは、幼稚園の時に送り迎えしてもらったこととか、遠足の時にお弁当を作ってもらったことなど、いくつも思い出せるのですが、「して返したこと」というのはあまり思い出せないのです。一方で「迷惑をかけたこと」はそれこそ数えきれないほど思い出すことが出来る。

終わってみると、感謝の気持ちが自然に湧き上がってくるのです。無理に感謝するのではなく、自然に感謝の念が湧いてくるというのが重要な鍵になっています。

これら森田療法と内観はそれぞれ、マインドフルネスの源流の一つになっているのです。

他者と自分を結ぶ、自分と自分を結ぶ息

さらに時代を遡れば、臨済宗の中興の祖とされる江戸時代の禅僧・白隠《はくいん》禅師も身体を気に充ちた状態にすることで神経症の治療に成功した人でした。白隠禅師がとった方法は、「軟酥《なんそ》の法」と呼ばれる一種のイメージトレーニングです。自分の頭の上にバターのような塊があると想像し、それが次第に溶けだして全身を浸し、身体の悪い部分を洗い流すイメージを持つのです。これによって禅師はノイローゼから立ち直ったと言われています。

このように日本には昔から、マインドフルネスに通じる伝統がありました。私は、これらに共通する最大のポイントは「呼吸法」にあると考え、『息の人間学』という本を著しました。

この本では、息を構造的に捉えることを考えました。まず世界と自分とは自分の呼吸で

つながっていると捉えます。だからこそ晴れ晴れとした海や山に行けば気持ちも晴れ晴れとするし、息をひそめなければならない場所では呼吸も密《ひそ》やかに行われるようになります。

同時に、息は周囲の人たちとの行動や感情と自分を同期させる時に重要な役目を果たしています。他人と「息を合わせる」「息が合わない」という事象にはやはり呼吸が深く関わっています。

気づまりな人と一緒にいると息も詰まってきますし、呼吸が楽に出来る相手と一緒にいると気楽な気持ちになります。誰かの前で息が自然に出来るかどうかは、その人との関係性に大きく左右されるのです。

また「息を合わせる」ということは、音楽の合奏やスポーツの団体競技の際には成功の決定的要因になります。

このように息には他者と自分とを結ぶという機能があります。

一方で、息には自分と自分を結ぶ機能もあると考えられます。人は、呼吸を通して本来の自分と関わることが出来ます。普段は他人を相手に自分を飾ったり繕ったりしている部分がありますが、ふと一人になった時に、フーッとため息をついたり自分の呼吸を意識してみたりすると素の自分に戻ったような感覚になります。

実は坐禅というのは、これを集中的に行っているものなのです。坐禅を組んでいる時は、誰かに話しかけられることもありません。出来るだけ自分自身、今現在に集中していきます。曹洞宗の開祖・道元は「身心脱落」という言葉を使いましたが、坐禅に取り組むことで、一切のしがらみから解放されて無我の境地に至ること、これが禅の目的です。別の言葉で言えば、最も深いところにある自分を感じとることが禅の目指すところなのです。

こうしたことからも分かるように、マインドフルネスというものは瞑想や禅の影響を受けています。そうしたものから宗教色を取り除き、プログラム化したものが現在関心が高まっているマインドフルネスなのです。

仏教の影響を多く受けているために、われわれ日本人にとっては馴染みやすい技術と言えると思います。

お釈迦様の呼吸法(アナパーナ・サチ)

マインドフルネスの最も重要な技法は、呼吸法です。

私は若い時から呼吸法を研究してきたと書きましたが、学生時代の愛読書の一つに『釈尊の呼吸法』（村木弘昌、春秋社）があります。マインドフルネスに必要な呼吸法についての、最も基礎的なテキストの一つと言えます。

この本は、お釈迦様が実践していたアナパーナ・サチという呼吸法に現代のわれわれも取り組んでみようということを主眼にしています。アナパーナ・サチというのは、現代風に言ってみれば、臍下《せいか》丹田を意識して、長く緩く息を吐く丹田呼吸法のことです。

日本では昔から様々な呼吸法の研究がなされてきました。この本の著者である村木弘昌さんも、医師であり、調和道丹田呼吸法を研究・実践する「調和道協会」の会長もされていた方です。

呼吸法を考える時に鍵となるのが「丹田」という概念です。これは身体の具体的な器官を指すのではなく、エネルギーの源であり、気が集まる場所であると考えられています。

一般的には、おへそから三寸（約9センチ）下の下腹部のことを臍下丹田、または気海丹田、あるいは単に丹田と呼びます。ここが「丹田」の代表選手のように扱われていますが、実は分類法によってはほかにも丹田があります。

インドのヨガでは、丹田と同じように身心のエネルギーが存在するツボという意味でチャクラという言葉が使われています。ヨガの修行をし、そのエネルギーのツボを意識的に活用出来るようになることを「チャクラが開く」と表現したりするのです。

ただこれは数が多くて、なかなか一般の人が覚えるのは大変です。そこで私は、古代中国の医学にならって、丹田を「上丹田」「中丹田」「下丹田」の三つに分類し、意識することを勧めています。

まず上丹田とは眉間の上の部分。インドやスリランカの女性が赤い印をつけたりする部分です。その奥には脳の前頭葉があります。ここは特に知識や知恵といった「知」のエネルギーが集中する場所です。

次に中丹田。これは胸のまん中あたりです。ここは感情や情愛の「情」に関わる部分です。

そして下丹田。これは先ほどの臍下丹田で、意志、勇気を表す「意」に関わる部分になります。戦前までの日本人は、何かをやり遂げようと意志を固める時や、勇気を持って事に当たる時には、「下っ腹に力を込めて」行ったものです。今では丹田という意識を持っている人は少なくなりましたが、そのころの日本人は誰もがこの概念をよく知っていたのです。現代人が忘れてしまった身体感覚をかつての日本人は持っていたのです。

丹田は、深く静かに呼吸し、その場所に意識を集中させることで開発されていきます。ですから上丹田を鍛えるためには、まず額に軽く指を置き、そこに意識を集中させます（次ページ写真①）。次に鼻からスーッと息を吸い込みます。この時に胸ではなく、下っ腹を膨らませて吸い込む感覚が必要です。息を吸い終えたなら一瞬だけ呼吸を止め、今度は口から長く、緩く息を吐き出します。この動作を繰り返すうちに、次第に上丹田の感覚が磨かれていきます。

同じように中丹田なら胸に（写真②）、下丹田なら下腹部に手を当てる（写真③）ことでそこに意識を集中させ、腹式呼吸で長く緩く息を吐く練習を繰り返します。最後にゆっくりと息を吐きながら中丹田から臍下丹田へ腕をおろします（写真④）。

「知情意」＋「体」の概念

上丹田の「知」、中丹田の「情」、下丹田の「意」。三つ合わせると「知情意」となりますが、実はこの言葉は、カントが人間にとって重要な三つの理性として挙げているものなのです。カントは『純粋理性批判』や『実践理性批判』『判断力批判』などの著書の中で、「知情意というものが人間の心の働きとして非常に重要である」と述べています。

呼吸法の要は丹田にある

①額に指を当てる

上丹田（前頭葉の前）を指で30秒ほど押さえる。腹式呼吸を行う。

②胸に手を当てる

胸（中丹田）を手の平で数回刺激する。やはり腹式呼吸を行う。

③へそ下9センチを押さえる

下丹田（臍下丹田）を数度刺激する。腹式呼吸で長く息を吐く練習をする。

④胸から腕をおろす

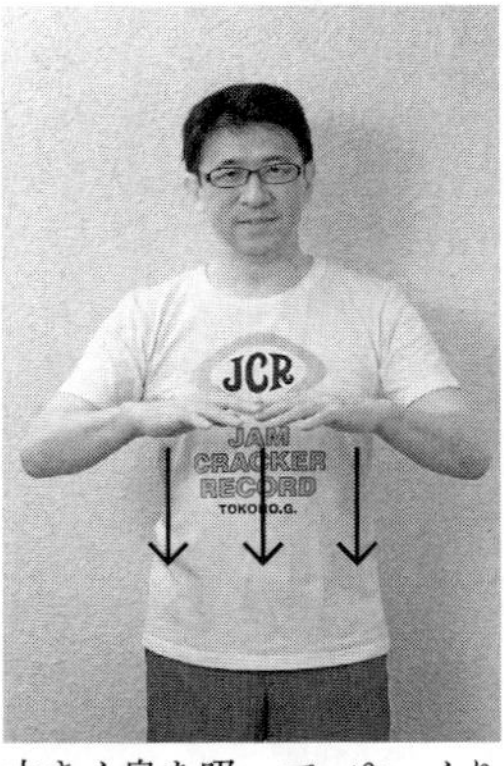

大きく息を吸って、ゆっくりと息を吐きながら中丹田から臍下丹田へ腕をおろす。

この西洋の思想に、私は東洋に昔からある丹田の概念を重ねてみました。すると非常に理解しやすくなるのです。

さらに私は「知情意」にもう一つ、「体」を加えることを提唱しています。知・情・意の三点セットを支えるのはオープンなバディです。この四つの概念を合わせた「知情意体」こそ、人間の総合力と言えるものだと私は考えています。

誰かと接している中で、「相手に対する気遣いが足りていないな」と感じた時には、胸に手を当て呼吸を意識してみる。知的なやり取りに臨む前には、額に指を当て深呼吸してみる。そういう仕草がスッと出来ると、その人の人間力はレベルアップしていきます。

この人間の総合力は、当然会話にも生きてきます。というより、会話には人間の総合力が必要なのです。頭は良いけれど、相手の気持ちが分からない人は困った存在ですし、意志が弱い人は何かを決めなくてはならない会議を主催したとしても、結局何も決めることが出来ないということになりかねません。

呼吸法を通じて「知情意体」の総合力を高めることが出来ます。ひいてはこれが会話力を根本からレベルアップさせる秘訣になるのです。

「アクティブ・リスニング」のスキル

マインドフルネスを通じて自分を整えることが出来るようになった人は、他者に対しての働きかけ方も変わってきます。

具体的に言えば、例えば「聴く力」がついてきます。聴く力は優れたリーダーの条件だと言われるようになってきています。聴く力のないリーダーは、部下の発言を抑え込み、恐怖や権威に基づいた支配を志向します。これではリーダーの元に必要な情報も挙がってこなくなり、その組織の生産性は著しくダウンしていきます。

それに対して優れたリーダーは、人の話に積極的に耳を傾けようとします。そしてこの行為は「アクティブ・リスニング」と呼ばれ、いま非常に注目されているスキルになっています。

『スタンフォード大学　マインドフルネス教室』には、アクティブ・リスニングの基本原則が列挙されています。

①物語を理解するために聴く

話されている言葉からその伝えられ方にまで注意を向けて、語られる話を理解しよう

とする

②すべての感覚を使って聴く

相手のボディランゲージが表す非言語コミュニケーションにも注目する

③心で聴く

相手から伝わってくる感情に注意を払う

④聴いていることを知らせる

自分は聴いているのだと、言葉やそれ以外の方法で話し手に伝える

⑤耳にしたことを相手にそのまま返す

聴いたことを繰り返すことで、相手が心情を明瞭に話すのを助ける

⑥もっと話すよう促す

解説やくわしい説明を求めるような質問を投げかけ、興味を持っていることを相手に知らせる

⑦価値判断を差し挟まない

価値判断や批判は保留して、話しても安全だという雰囲気を作る

⑧好奇心を抑える

相手がしたい話から逸れてしまうような好奇心や質問は抑えておく

⑨思いを共有する

相手のなかにポジティブな姿勢、明るい兆候を探し出して、それを分かち合う

これらを頭の中に置いて、相手の話に耳を傾ける練習を重ねていくと、自分のことを主張するのではなく、相手を受け入れる構えが身についてきます。

もしも話を聴いている時に、「自分のことばかりしゃべっちゃったな」と感じたなら、一度自分の呼吸を感じ、相手の呼吸を意識し、心と身体をオープンにして、改めて相手の話に耳を傾けてみてください。それが出来るようなら、アクティブ・リスニングのスキルが少しずつ身についてきた証拠です。

コーチングと非指示的カウンセリング

現代社会はストレスの多い社会です。その社会の中で、自分のメンタルをいつも整えておける能力というのは、仕事の処理能力以上に大事な能力と言えます。

メンタルが安定している人は仕事の中でも非常に付き合いやすいのですが、メンタルの

好不調の波が激しい人は敬遠されがちになってしまいます。そのため企業は、社員のメンタルコンディショニングにずいぶん気を配るようになってきました。

マインドフルネスはまさにそのために注目されているわけですが、同じように「コーチング」もまたメンタルコンディショニングにおいて大切な会話の技術と言えます。

これはテニスコーチのW・ティモシー・ガルウェイが、相手と直接的にボールを打ち合う競技そのものではなく、プレーヤーの心の中の動きに注目して著した『インナーゲーム』（日刊スポーツ出版社）という本が源流となっていますが、そこで重視されたのは、自分自身で自分の状態に気づき、自己修正機能が働くようにする能力でした。これもヨガが源になっています。

ガルウェイは、人間の中にはセルフ1とセルフ2という二つの人格があり、セルフ1は常にセルフ2を批判し続けている。これがストレスの大きな原因になっているので、セルフ1の攻撃をまずは黙らせようというのが基本の考え方です。

スポーツで失敗した時に、「バカ！　何やってんだ！」と自分に向かって怒るのがセルフ1、ひたすらその罵倒に耐える身体的自己がセルフ2です。現在に注目することでセルフ1を黙らせると、自己修正機能が働き出すという考えです。

この考えを下敷きにして、上司が部下と接する時にも、部下のストレスが増すような高圧的な話し方はせず、まずは部下の話に耳を傾け、問題があれば部下が自分自身で気がつくように導いていこうというのがコーチングの手法です。

アメリカの臨床心理学者カール・ロジャースも、相手の話を聴くことを中心に据え、その中で相手自身が気づくようにする、「非指示的(ノンディレクティブ)カウンセリング」の手法を確立しました。カウンセラーがあれこれ指示をするよりも、じっくり話を聴き、そのうちに話し手側が自分で改善策に気づくという手法のほうが効果が上がったからです。

コーチングにしても非指示的カウンセリングにしても、まずは聴き手が自分の心と身体を整え、丁寧に相手と会話する技術が必要になります。会話力を高めることは、チームの中のメンバーのストレスを取り除く力を身につけるということにもなるのです。

ハーバード大学の研究「幸福の条件」

人が生きている中で行うさまざまな活動のうち、「会話」はどの程度の重要性を占めているのでしょうか。「何%です」と言えるような類いの質問ではありませんが、私の実感では普通に生活している人の活動全体の中で六〇〜七〇%は会話が占めているのではないかと思っています。
家族と会話し、職場や学校で会話し、一人でいる時にもメールやＳＮＳで会話していま す。それほど会話は私たちの活動の大きな部分を占めています。

ということは、私たちが人生の中で幸福感を得られるかどうかも、実は会話の力によって大きく左右されるということです。会話力がある人は人間関係が上手に保てるので幸福感を多く抱きやすく、孤独な状態にある人は幸福感を抱きにくいということになります。

実際にハーバード大学が実施した幸福感についての研究では、安定した少数の人間関係があることが幸福の条件なのだそうです。これは、数十年にわたる追跡調査によるもので、人生という長いスパンでは、人間関係こそが幸福の基本条件ということです。

また、人間は誰かとスキンシップをとったり会話をしたりする中で、互いの「感情」のやり取りも行っています。この感情のやり取りが行われると、お互い穏やかな気持ちになってきますが、それは脳の中でオキシトシンなどの「幸せホルモン」が分泌されるからなのです。つまり人間は、会話をすると幸福感を抱くようになっているのです。

古代ギリシャでの「超絶会話空間」

実は、会話することが幸福そのものであるということは、古代ギリシャではすでに常識でした。

古代ギリシャの世界では、市民たちの楽しみといえば、ひたすら対話することだったのです。奴隷制に支えられた市民たちは、労働の必要もなかったわけですが、たっぷりある時間は、知的で教養のある対話に捧《ささ》げられていました。

知的で教養のある対話が出来る。それこそが生きている証、幸福感そのものだったのです。そこでソクラテスは青年たちに対話を仕掛け続けました。青年たちを善なる生き方に導くことこそ自分の使命だと信じ切っていたのです。

ソクラテスは、自分自身を知らないといけないということを強調した人でした。いろいろと話しかけてくる青年たちに対し、「本当はどうなんだ?」「こんな風に考えているんだろうが、本当はこうじゃないのか」と問いを出し続けた。そうやって「そう言われてみれば、自分はそのことを本当には分かっていなかった」ということに気づかせる。これが、自分が知らなかったということを知る「無知の知」というものです。ソクラテスは、青年たちが彼との会話を通じて、「ああ、本当は分かっていなかったな」という気づきを得ることを無上の喜びとしていたのです。

また、ソクラテスとその友人たちの対話の様子を描いたプラトンの『饗宴』（新潮文庫）も、読んでみると非常に楽しい本です。

そこではソクラテスやその友人たちが、酒を飲みながら、愛とかエロス（精神的な愛）、アガペー（神の愛）などについて、順々に語っていくのです。

例えばある人は、人間はもともとは二本足、二本腕の生き物ではなく、四本足で四本の腕を持っていた。その体が二つに分かれてしまったので男と女が出来た。だから互いに求め合うのだ、という説を唱えたりする。それを皆で笑い合い、さらにこれを超えていく説を唱え合う。

これほど文化的で教養のある「超絶会話空間」が今から二五〇〇年前の古代ギリシャで展開されていたということは、まさに奇跡です。ソクラテスのような特別賢い人がいたからというのではなく、それが人々の習慣になっていたのです。われわれが住む現代と比べてみても、はるかに豊かな会話空間が存在していたのです。

こういう具合ですから、古代ギリシャには道を歩けば議論を吹っかけられるような雰囲気があり、知を備えていることが何よりも尊ばれました。

そういう中で出現してきたのがソフィストと呼ばれる人たちです。彼らは、青年たちからお金をとって知や徳を教えていました。

こういう人たちをソクラテスは批判しました。「お金と引き換えに知を教えるのは本来の姿ではない。青年たちが自分たちで気づくように導くのが本来の姿で崇高な行為なのだ。しかも〝私たちは知っている〟と言うが、本当に知っているのか」ということで、ソフィストたちを質問攻めにし、彼らを次々とやり込めていったのです。

そうした行為は彼に叩きのめされた人々からの反感を買い、ソクラテスは次第に追いつめられていきます。そしてついには公開裁判で「青年たちをたぶらかした」かどで死刑の判決を受けることになってしまいました。逃亡しようと思えば逃亡出来たのですが、ソクラテスはその道を選ばず、最期は毒杯を呷《あお》って静かに死んでいったとされています。

そういう人が存在したくらい、古代ギリシャでは会話が重視されていたのです。

その会話も、「どうしたらお金が儲かるか」といった類いの話ではなく、「真善美」という永遠の価値について語り合っている。酒を飲み、食事をしながら、「真善美」について語り合い、笑い合い、大いに盛り上がっていく。同じようなことを今の世の中でやろうと思っても、ちょっとソクラテスたちの真似は出来そうにありません。会話を楽しむという点においては、われわれは古代ギリシャの人々に遠く及ばないということになりそうです。

「祝祭としての授業」を目指して

『饗宴』にあるソクラテスたちの会話のシーンは、非常に活気があり、エネルギーに満ちている空間として描かれています。これはとても幸福な空間です。

私は大学での授業もこういう活気とエネルギーに満ち満ちた空間にすることを目指しています。いわば「祝祭としての授業」です。

ですから授業は毎回毎回が祝祭でなければなりません。そこで学生には宣言します。「来週の授業までにドストエフスキーを読んできてください。来週は『ドストエフスキー祭り』にします」とか「『デカルト祭り』に備えてデカルトを読み込んでくるように」という具合です。

全員がドストエフスキーやらデカルトやらを読んできて、一週間後にその内容についてみんなでディスカッションをするのです。そういう指示を出しておくと、学生たちはあたかもスポーツに取り組むような感覚になるようで、みんなのテンションが一気に上がり、授業がまさに祝祭的空間に変貌するのです。

ハレとケのリズム

祝祭、あるいは祭りの感覚というのは人間の精神にとって非常に重要です。

長野県の諏訪大社で七年に一度行われる御柱祭《おんばしら》は日本三大奇祭の一つとされ、たびたび死者が出るほどの激しい祭りです。山から伐り出した樹齢二〇〇年の大木を山の斜面から滑り落とす木落しが有名ですが、それは縄文文化と弥生文化のせめぎ合いの中から生まれたというのです。

諏訪地方はもともと縄文文化が非常に強い地域であり、そのためこの地に弥生文化が広まったのも日本で最後だと言われています。御柱祭はその縄文文化の名残を今に伝える行事となっています。

たびたび死者が出ているにも拘らず、廃止論が巻き起こらないのは、はるか昔から受け継がれてきた崇高な理念に向かって、人々がエネルギーを一気に放出する場になっているからです。祭りとは、溜め込んできたエネルギーを一気に消費しつくす場でもあります。

民俗学的には、祭りなどの非日常をハレ、日常をケと言いますが、われわれはハレとケの循環の中で生きてきました。日常の生活を送りながら、時折やってくる非日常の祝祭や儀式を楽しみにする。そしていざハレの日がきた時には、そこでエネルギーを一気に放出する。こうしたハレとケのリズムの中で生きてきたのです。

ニーチェの言葉「よい笑いの声をも忘れるな」

人と人との出会い、人と人との会話も祝祭的空間と言えます。出会いや会話はエネルギーを放出する場になり得ます。例えば友達との飲み会に行ったとします。そこでの会話がなぜか普段以上に盛り上がった。「あ〜、今日の飲み会は面白かった」と声を張り上げたくなる時もあるでしょう。それは飲み会での会話が一種の祭りになっていたのです。そこでみんなでエネルギーを放出しながら語り合った。だから爽快感が残るのです。

大学の授業も、そのようなエネルギーが満ち溢れる空間になることが理想です。そういう場で人と人とが関わっていくと、お互いの脳が活性化され、クリエイティブなアイディアがどんどん飛び出すようになってくるのです。

ニーチェの『ツァラトゥストラ』（以下、引用は中公文庫より）にも、『饗宴』のような人と人との祝祭的な出会いが描かれています。

主人公のツァラトゥストラは、三〇歳になった時に故郷を捨てて山に入ります。そこで彼は「精神の世界に遊び、孤独をたのしんで、十年間倦《う》むことがなかった」と言います。しかし、その彼の心にもやがて変化が訪れます。彼はこう述べて、山を下っていくのです。

「見よ、わたしはいまわたしの知恵の過剰に飽きた、蜜蜂《みつばち》があまりに多くの蜜を集めたように。わたしはわたしにさし伸べられるもろもろの手を必要とする」と。

つまり、自分で勉強して身につけた知恵が過剰になったので、誰かにそれを伝えないと具合が悪くなるということです。

こうして山を下りたツァラトゥストラは、町の人々に教えを説き始めます。しかし、はじめのうちはなかなか上手くいかず、彼と対話をしようとせず、ただ聞いているだけの人たちに絶望します。

それでも何とかやり取りを続け、語り合う中で、だんだんツァラトゥストラの気持ちも盛り上がってきてこう語り掛けます。

「さあ、上機嫌でやろう」「このわたしのように」

「――戦いと祝祭を喜ぶ者でなければならない。陰鬱な者、夢におぼれる者であってはならない。祝祭を待つように至難の事を待ち、全き健康をもっている者でなければならない」

戦いと祝祭を喜びなさい。陰鬱な感じじゃだめなんだと説いている。

このようにニーチェの言葉というのは、どこかはっきりしない心情を持つ日本人にとって、非常に風通しのいい爽快感を与えてくれる言葉が多いのです。

ツァラトゥストラはこうも言っています。

「あなたがたにおける最悪のことは、あなたがたすべてが踊ることを学びおぼえなかったということだ。——当然あなたがたがすべきように——あなたがた自身を超えて踊ることを学びおぼえなかったということだ」

「あなたがた自身を乗り超えて哄笑することを学べ。あなたがたの胸を高くあげよ、高く、もっと高く！　よい踊り手よ。そしてよい笑いの声をも忘れるな」

「哄笑をわたしは聖なるものと宣言した。あなたがた、高人たちよ、学べ——哄笑することを」

踊りなさい、笑いなさいというわけですが、「踊る」というのは実際にダンスしなさいということではありません。**自分自身を乗り越えた時というのは、軽やかで踊っているよ**

うな感覚になります。そういう状態を目指せと言っているわけです。

重くあるな、軽やかであれ、というのはやはりニーチェらしい言葉です。

現代は軽やかさが求められている時代です。沈思黙考タイプよりも、軽やかでクリエイティブな人、新しい価値を作っていく人が尊重されます。そういう意味では、ニーチェの言葉は現代的です。

「地上に生きることは、かいのあることだ」

ニーチェの言葉をもう少し引用してみましょう。

「——小さい活発なばか騒ぎ、神事のようなもの、驢馬祭りのようなもの、昔なじみの陽気な道化師のツァラトゥストラといったようなもの、おまえたちの魂を明るくふくらませるような突風、そういうものが必要だと、わたしには思われる。

この夜と、この驢馬祭りとを忘れるな、高人たちよ。この祭りは、おまえたちがツァラトゥストラのもとで発明したものだ。それをわたしは、よい徴《しるし》と見る」

「地上に生きることは、かいのあることだ。ツァラトゥストラと共にした一日、一つの祭りが、わたしに地を愛することを教えたのだ。『これが——生だったのか』わたしは死に向かって言おう。『よし！　それならもう一度』と」

ここで述べていることの意味は、いま生きているこの瞬間、地上に生きるということが甲斐があり素晴らしいことだと気が付いた。だとすれば今までの辛い体験がもう一度繰り返されるとしても「よし、もう一度」と言おうじゃないか、ということです。

これはニーチェの「永遠回帰」と呼ばれる思想が表れている表現です。

たとえ苦しいことであっても、その中で永遠なる一瞬というものを感じられるなら、その一瞬によってそれまでの苦しさすべてを肯定出来る。いろんな苦しい辛い経験すべてがこの一瞬につながっていると思えればそれも肯定出来る。だから苦しいことであっても「よし、もう一度」と言える気概を持とう、というのが「永遠回帰」の考え方なのです。

また、ツァラトゥストラとともにした一日は一つの祭りであって、そのことが地を愛することを教えてくれたと言っていますが、キリスト教社会では神が住むのが天の世界ですから、「地を愛する」というのは「神は死んだ」と宣言するのと同じことなのです。

「神は死んだ」というのはニーチェの思想を端的に表す有名な言葉です。

簡略化して言うなら、ニーチェは「神は、人間のいいところをすべて持って行ってしまい、人間は小さな存在になってしまった。しかしその神はもう死んだのだから、いつまでも神を崇《あが》めていてもしょうがない。かつて神が私たちから持って行った価値を再び自分たちのものにしよう」と考えているのです。

そうすることで、私たち自身がクリエイティブで創造的な存在になり、私たち自身が祝祭的空間を生きることが出来るというのです。

それも一人でやるのではなく、友が必要だとニーチェは言うのです。『ツァラトゥストラ』の中でも、常に「わたしの友人たちよ」と呼びかけていて、友というものは常に最高の敵であれと言っています。

この考え方というものは、私たちに馴染み深い「週刊少年ジャンプ」の世界と同じです。「週刊少年ジャンプ」では「努力、友情、勝利」が根底の価値観にあります。努力と勝利だけでは「週刊少年ジャンプ」ではないのです。必ずそこに友情が加わることで、『キャプテン翼』も『スラムダンク』も、そして『ワンピース』も、あれだけの人気を獲得したのです。

ニーチェもまた然りなのです。彼は、お互いに同情し合う友情は止めて、互いに高め合う友情を持とうと言い続けました。

「勉強している?」「全然していないよ」「そうだよな」と互いに牽制し合うような関係で

はなく、「この参考書のこの説明が分かりやすくていいよ」とか「この本を読んだんだけれど、ものすごく参考になるから読んでみなよ」という具合にお互いに刺激し合い高め合う。

あるいは、友人に対して嫉妬心が芽生えたら、それは毒グモと同じだから、すぐさまそこから逃れなさい、とも言っています。

こうしてニーチェは、「生きるということはもっと前向きであるべきだ。自分自身というものをまずは肯定し、そして超克していくのだ。生とはまさにそういうものであり、その行為は友とともに高め合いながらやっていくべきなのだ」というメッセージを送り続けたのです。

ツァラトゥストラも、山から下りてきた時は相当な自信家でしたが、町に出て人々に教えを説くうちに「伝わらなかった」「またダメだった」という具合にどんどん傷ついていきます。挫《くじ》けそうにもなるのですが、再び対話をし、ようやく理解者が現れ出した。そして「よし、じゃあみんなで祭りにしよう」「これが生なんだ」「よし！　じゃあ辛くてももう一度」という具合に、非常に活気のある空間を作り上げることに成功するわけです。

祭りのような活気のある会話力

現代に生きる私たちも、祭りのような活気のある会話力を目指すべきだと私は考えています。

大学の授業で、私はたびたび学生に四人一組でグループディスカッションをしてもらっています。この時、四人一組を作るのにちょっとした移動時間があります。そんな時私は、自分のスマートフォンに入っているロックギタリスト、スティーヴ・スティーヴンスの『フラメンコ・ア・ゴー・ゴー』という曲をかけることがあります。私はこの曲を聴いていると、どんなに調子が悪い時でも気分がスカッと晴れてくるのです。

それからサルサの曲ですが、マーク・アンソニーの『ヴィヴィール・ミ・ヴィーダ(Vivir Mi Vida)』を流すこともあります。どちらもご機嫌な曲です。

これは「じゃあこれからグループディスカッションだ。お祭りみたいな気分で行くよ！」という合図であり、私なりの雰囲気を盛り上げるための演出なのですが、中にはいきなり調子のいい曲が流れてきてギョッとしている学生もいるようで、効果の有無についてはまだ十分には検証されていません。

「バーベキュー大好き」という人は多いと思います。不思議なことに、初対面の人同士でも一緒にバーベキューをすると盛り上がりやすいものです。

私はその理由は、人間の深層心理の中に残る古代の祭りの記憶のせいではないかと思うのです。人間は長らく狩猟採集社会の中で暮らしてきました。

その中で、野生動物の肉が食べられる機会というのはそうはなかったはずです。「普段は栗ばかりだけど」「普段はシジミばかりだけど」という中で、時に鹿や猪をしとめることに成功する。こうなるときっとその集落はお祭り騒ぎになったはずです。

「肉だ肉だ！　肉が来たぞ。鹿だ鹿だ！」

火を焚き、肉を焼き、肉の焼ける匂いを嗅ぎながら久しぶりのご馳走にありつく。そういうお祭り気分のかすかな記憶が私たちの体のどこかに残っているからこそ、バーベキューはあれほど盛り上がるのではないかと夢想しています。

どうしても会話を盛り上げたい相手がいる時は、このようなお祭り気分を演出しやすい状況で会うのも一つの方法です。

第五章　活字力と「後輩力」で差をつける

失敗談もためになる「経験知」

日本経済新聞の名物連載『私の履歴書』は、政財界の大物や俳優、文化人など一流の人物が一ヵ月間、自分の来歴を披露するコーナーですが、どの人の話を取ってみても非常に面白いものになっています。それは一流の人物が何十年もかけて経験から得た「経験知」がぎっしり詰まっているからです。第一章でも紹介した「経験の海」から浮かび上がる「経験知」です。

日経新聞で連載するほどではないにせよ、どんな人にも「経験知」というものはあります。これは例えば「結婚生活を長く上手に続けた」という成功談もあるかもしれませんし、「結婚はしたけれど長続きしなかった」という失敗談もあるでしょう。この他人の失敗の経験というものも聞く側にとってはとてもためになる話であることが多いのです。

もしも人生経験豊かな人と会話をしていて、その人の「経験知」がチラリと覗《のぞ》いてきた時は、その芽を育ててみることです。上手く引き出すことが出来ると、ドドドッと相手の経験知が流れ出してきます。**それがたとえ失敗談であっても、その人が大変な授業料を支払って学んだ知です。**それをタダで聞かせてもらえるのですから、こんなありがたいこと

「経験知」の会話は有益！

はありません。

「経験知」というのはその人固有のものであり、何かしらの労力や痛みを伴いながら得た知です。書籍や新聞で得られる情報とは質が違います。そういうものを聞き出せるチャンスがあれば、これは是非とも学ばせてもらいましょう。

紹介システムの効用

「経験知」というものは、単なる顔見知りには披露したりはしないものです。それを披露してもらったということは、それだけで聞き手は話し手の人に受け入れられたということです。そこから相手との関係はグッと深めることができます。

親密さの程度をざっくりランク付けすると次のような感じになると思います。

第1段階　挨拶を交わす
第2段階　雑談をする
第3段階　相手の「経験知」をちょっと聞かせてもらう
第4段階　二人で予定を合わせて飲みに行く
第5段階　一緒にゴルフに行くなど、終日濃く付き合う

この段階をポンポンと上っていける人は人脈力がある人です。最上位の第5段階に位置付けたゴルフというのは、基本的には四人でラウンドするものですから、単に二人だけの付き合いでは終わりません。人が人を呼ぶような人脈を紹介する場にもなっています。ビジネスパーソンがゴルフに取り組むのは、そうした紹介システムの効用もあるからです。

人脈を広げていくのに、誰かに紹介してもらうというのは昔からあった有力な方法です。

江戸時代にも、佐久間象山《しょうざん》のところに出入りしている人が、「あの人を紹介してほしい」と象山に頼めば、象山は紹介状を書いてくれました。坂本龍馬も西郷隆盛に会う時には、事前に勝海舟から紹介状を書いてもらっていました。

勝海舟の『氷川清話』には、西郷と面会し薩摩から帰ってきた龍馬のセリフが再現されています（以下、引用は講談社学術文庫より）。

「坂本が薩摩からかへつて来て言ふには、成程西郷といふ奴は、わからぬ奴だ。少しく叩けば少しく響き、大きく叩けば大きく響く。もし馬鹿なら大きな馬鹿で、利口なら大きな利口だらうといつたが、坂本もなか〳〵鑑識のある奴だヨ」

また当時の紹介状システムの面白い点も、勝は記録に残しています。

勝のところに、人見寧《ひとみやすし》という人物が来て、やはり「西郷に会いたいから紹介状を書いてほしい」と頼んできた。しかし話を聞いているうちに、どうやらこの人見は西郷を刺殺しにいくつもりらしいということが分かった。

それでも勝は西郷宛に紹介状を書きました。

「この男は足下《そっか》を刺す筈《はず》だが、ともかくも会つてやつてくれ」という内容だったそうです。足下とは、あなたという意味です。

とんでもない紹介状を書いたものですが、これを受け取った西郷は西郷で、「勝からの紹介なら会つて見よう」ということで、人見と会うことを決めるのです。

人見が訪ねていくと、寝転がっていた西郷は起き上がり、「先日私は大隅《おおすみ》の方へ旅行したその途中で、腹がへつてたまらぬから十六文《もん》で芋を買つて喰つたが、多寡《たか》が十六文で腹を養ふやうな吉之助に、天下の形勢などいふものが、分る筈がないではないか」と言って大口を開けて笑い飛ばしたというのです。

すっかり呑まれてしまった人見は、江戸に帰ってから「西郷さんは、実に豪傑だ」と感心しきりだったというのです。

とにもかくにも、このような紹介システムを利用出来ると、人脈はグッと広がります。

出来る人は人脈サークルを形成

同じような経験を先日私も体験しました。私と同年代の男性から、「誕生会を開くのでいらっしゃいませんか」と誘われたのです。

子どもの時なら友達の誕生会に呼ばれたことがありましたが、大人になってからは、あまりありませんでした。「大人の誕生会っていったいどんなものなんだろう」という興味だけで出かけたというのが正直なところです。

しかし参加させてもらってみると、そこはさまざまな職種の人との出会いの場でした。そこで私は、偶然にも私の著書にたびたびイラストを描いてくれているイラストレーターの方と初めて会うことが出来ました。しりあがり寿さんです。

著者とイラストレーターが会う機会というのは案外ないもので、一〇年以上前からお世話になっていたのに、ご挨拶をしたのは初めてだったのです。しかもしりあがりさんは、私の高校の先輩にも当たる方で、二重に義理を欠いていたことになるのですが、この誕生会のお陰でお礼を言うことが出来たのです。

誕生会の主催者は、誰と誰とが知り合いだとか付き合いがあるという予備知識はまったくないそうです。自分が好きな人を呼び、自分が好きな人たち同士ならきっと話も合うだろうということで、こういうパーティーを催したのだそうです。実際にこの会は、初対面の人たち同士なのにものすごい盛り上がりを見せました。実にスマートな大人の人脈形成術だなと感心しました。

仕事が出来る人たちというのは、たいていこのような人脈のサークルを形成しているものです。同業の人たちのグループもあれば、異業種の場合もあるでしょうが、そこでは自分の利益ばかりを考えるのではなく、相手の利益になる情報をどんどん回してあげています。「その問題ならここに問い合わせてみて」「それならここに聞いてみるといい情報があるよ」「この間はいい情報をもらったので、今度はこっちがお返しするよ」という具合に、猛烈な速度で情報交換が行われています。

私は以前、どうして企業の経営者は毎日毎日会合を開いているのか不思議に思っていました。しかし彼らは、こうした情報が行き交うサークルにたくさん関わっていて、それこそ大量の情報をやり取りしているのだとある時に気づきました。情報の質と量が企業の業績に直結しているのですから、これを避けて通るわけにはいかないのでしょう。

短く本質を伝える力とは

速いスピードでたくさんの情報をやり取りするには、ちょっとしたコツが必要です。最盛期の田中角栄は、一日に一〇〇件もの陳情を捌《さば》いていたと言われています。とんでもない数ですが、これを可能にしたのは角栄が陳情してくる人たちに、「まず結論を言え。そして理由は三つまでにしろ」と厳命していたからでした。これでどんな陳情も5分ほどで話を聞き、膨大な数をこなしていったそうです。

その体力も驚異的ですが、なによりも本質をつかんだ話し方をすれば話はそこまで短く出来るという点に驚かされます。

短く本質を伝える力はトレーニングで養えます。そのトレーニングを私は授業で実施しています。第二章で述べた「15秒プレゼン」がそれです。

学生たちには「15秒でプレゼンテーションをすること」という課題を出します。15秒でプレゼンをするということは、前置きは不要です。「え〜と」と口にしたら切腹もの。「なんか急に指名されちゃったので、何を話していいのか分からないですけど。うまく話せないと思いますけど……」とモタモタ言い訳をはじめたら、これは打ち首ものです。

15秒というのは短いようですが、意味ある内容をパッと伝えるには十分な時間です。コツとしてはまず一番大事な「見出し」からバンと入る。何がどうした、何がどうなったという新聞の見出しになるような核心部分をまず述べます。

続いて「理由はこれとこれとこれです」と三つ挙げる。このようにしてやってみると、たいていの話は15秒で済むのです。

最初は戸惑っていた学生も、何回か練習するだけで、すぐコツをつかんできますので、それほど難易度は高くありません。

一つ注意すべきことがあるとしたら、話すべき事柄の優先順位と話の順序を一致させることです。大事なものから順に言っていくのです。というのも、どこで時間切れになるか分かりませんから、順番を間違えると一番大事なことを言い洩らしてしまうことがありうるのです。

私がこの「15秒プレゼン」を研ぎ澄ますようになったのは、テレビの生放送に出演するようになったのがきっかけでした。生放送では同じ話題が二度回ってくることはありません。ぼんやりしていると「あの時これを言えばよかった」という後悔だらけになってしまいます。そこで私は、短い時間で言いたいことを言い切る意識を高めるようになったのです。

以前、収録放送に出演した時には、長々と話したことがあったのですが、オンエアを見てみたらその話は全部カットされていました。放送されたのは短いコメントばかりでした。この時私は、テレビでのコメントは15秒以内に話を終わらせるべきなんだと痛感しました。それがやがて10秒、5秒とだんだん短くなっていきました。

それくらいの時間だと、「これこれこうだと一般的には言われていますが……」なんていう前置きを言い出したらそれだけで終わってしまいます。

また日本人は言いたいことを後ろに持ってくる癖があるのですが、それだと話の途中で誰かがカットインしてきた時に、大事なことを言いそびれてしまう。だから最初に「これです」と大事なところを出すことを強く意識するようになりました。

短い時間でのコメントは、コース料理を頼んで肉料理が出てくるのを待つような悠長さでは対応出来ません。もういきなり肉料理、それこそ「いきなりステーキ」くらいの感覚で本題をドンと提示する。そういう話し方が身につくと、周りから「この人は意見や話し方がはっきりしているな」と評価されるようになります。

新聞記事の情報をストックする

このトレーニングに最適なのが、新聞を読んで、その内容を誰かに説明するという練習です（新聞を読む習慣については第三章で説明しています）。新聞記事はすでに見出しに記事の結論がまとめられているので、まずは大見出しを読みます。「日経平均、一時一万六〇〇〇円割れ。大変です。株価下落の背景にはこういう事情とこういう事情、さらにこういう事情があります」という具合です。

新聞記事を使うと見出しがあるというメリット以外にも、情報の精度が高いので、話の中身が充実してきます。中身のある話をコンパクトにする力もつきます。

また、せっかく15秒にコンパクトにまとめた知識ですから、これを話のネタとして記憶の引き出しに入れておくと、人と話す時にとても利用価値があるネタになります。

ストックとして引き出しにしまっておくためには、一度口に出して誰かにしゃべっておいたほうがずっと使い勝手が増します。とりあえず、友達相手に練習をして、新聞ネタをストックしておく。これを日常的にやる癖をつけておくと、「新聞の記事にもなった話だけど、これってこうなっていて、そこにはこんな背景があるんだって」という話がスッと出来るようになります。

この力がついていると、年上の人と話す時のネタに困ることはありません。**新聞の話題は中高年には鉄板です。**「先日の新聞に出ていたんですけど、イギリスのEU離脱をリードしたボリス・ジョンソンは、そもそもは離脱派じゃなかったらしいですね」と話を振ったら、かなりの高い確率で「そうなの？」と返ってくるはずです。

これは目の前の若者が言っているのではなく、新聞に書いてある話なんだということであれば、情報のクオリティも担保されています。それをコンパクトにまとめて伝えられれば、話し手の社会性も示せますし、一気に信頼も得られるでしょう。

ただ本当に残念なことなのですが、いまの若者は新聞をほとんど読んでいないのです。そもそも一人暮らしの学生やビジネスパーソンには自宅で新聞を定期購読するという習慣がなくなっていますし、親と子が同居している家庭でも新聞を取っていない家の割合は増えています。

それでも面白いことに、授業でちょっと新聞を読む練習をさせてみると、一人残らず読むようになるのです。みんな「新聞は面白い」と言い始めます。

授業では、学生に新聞を切り抜かせて、それをネタにして例の四人一組のグループでそれぞれプレゼンをさせ、ディスカッションさせています。この経験を積ませると、みな口を揃えてこう言います。

「新聞は情報量が多いし、想像していた以上に面白い記事も多い。新聞を読んでからテレビのニュースを見たら、新聞で得た情報がフックになって、テレビのニュースがスルスル頭に入るようになった」

文学を課題にすると、好き嫌いもあって共通の話題になりにくい。しかし新聞はそうではありません。そこに書かれているのは、社会的な関心事であり、公共的なものですから、誰を相手にしても話のネタになる普遍性があります。だから「これは役に立つ！」と全員が実感できるのです。

活字力＝書き言葉が基本

会話力を伸ばすためには活字力をつける必要があります。活字に基づいた会話が出来るようになると、これは「出来る人の会話力」になってきます。すなわち、会話力は活字力だというのが私の考えの基本です。

もう少し詳しく説明すると、活字というのは「書き言葉」です。書き言葉の語彙というのは話し言葉の語彙とは質・量の両面においてまったく違います。書き言葉のほうが圧倒的に勝《まさ》っています。おそらく数において一〇〇倍どころではない差があるはずです。日本人はまずそのことに気づくべきです。

つまり、話し言葉で使われる語彙は、実は非常にわずかなのです。一方、書き言葉＝活字で書かれているものは語彙と比例するように内容も豊かです。もちろん、活字に慣れている人の会話も語彙が豊富になり、中身もそれに伴って濃いものになります。

ですから学生に1分くらい話をしてもらうと、その学生が本をよく読んできた人なのかそうでないのかがすぐ分かります。会話の中の語彙の量で、その人の読書量が推測できるのです。

書き言葉の世界に触れていない人は、普段の会話で出てくる語彙以上に語彙は増えません。SNSで打っている書き言葉は、ほぼ話し言葉と同じレベルです。それは話し言葉の語彙しか浮かんでこないからなのです。

繰り返しになりますが、新聞でも本でも、とにかく活字を大量に読んで語彙を圧倒的に増やすと、出来る人の会話になってきます。これは胆《きも》に銘じておくべきポイントになります。

活字に強い人間が面白い会話を出来る

活字は人類の決定的な財産です。人類の歴史において、言葉の誕生は非常に大きなステップでしたが、それだけでは文明は発達しませんでした。

文明が本格的に誕生するのは文字の発明によるところが大です。フェニキアでアルファベットの元が生まれたり、中国では漢字が出来てきて、文字によって言葉が定着するようになりました。それまでは人間が話している音声だけが言葉でしたが、それが石板や板、竹簡などの上に定着するようになった。これもまた大きなステップでした。

その後、紙が発明され、そこに筆写することで言葉の定着・流通は格段に進歩しましたが、グーテンベルクの活版印刷の技術の発明により世界中に一気に活字が溢れるようになりました。

私たちはその膨大な恩恵を受けた世界に生きているわけですが、もったいないことに活字の恩恵をフルに活用していない人も多いのです。

恩恵を受けていない人というのは活字に弱い人です。そして活字に強い人間こそが知的で面白い会話が出来る。現在はそういう時代なのです。

なぜかというと、活字に強い人はコンパクトな話の中にたくさんの情報を詰め込むことが出来るからです。短い時間で面白い話をすることが出来るのです。

インターネットの情報も活字の一種です。しかし、そこに溢れている情報の多くは新聞情報がニュースソースであることが非常に多いのです。逆に、新聞に基づかないインターネットの情報は玉石混淆《こんこう》です。現代社会は、一見インターネット社会のように見えますが、実はその情報源を支えているのは新聞記事や本、雑誌の情報なのです。

そして、新聞や本といった活字で得た知識をしっかり使いこなし、自由会話の中に織り交ぜていくことの出来る人間が濃度の高い会話をすることが可能になるのです。

ＳＮＳの会話というのは濃度が低いところが面白いわけです。情報量があまりないので軽妙なやり取りをしつつ、そのテンポの面白さを感じるのです。ただしこれは、仲間内の気持ちや感情のやり取りが面白いのであって、情報のやり取りが面白いというわけではありません。

そういうものとは一線を画して、コンパクトに情報が詰まったやり取りを出来るようになると、会話のレベルもグッと上がります。

短くコンパクトに話せるようになるためには、「15秒プレゼン」のようなトレーニングが必要です。そこで重宝するのが新聞です。

限られた字数で事のあらましを伝えなければならない新聞記事には無駄な言葉がありません。実に内容がコンパクトにまとまっていて、記事を読み上げたら情報が過不足なく伝わるようになっている。そして最も大事な部分は見出しになっていますから、見出しから読み上げれば、まずそれだけで事の概要が分かるのです。

この高速トレーニングを積んでいくと、日本人のほとんどは話がモタモタしているなと気づくことでしょう。「なぜ用件を伝えるのにこんなにモタつくのだろう」と思うかもしれません。高速トレーニングを積んだ人とそうでない人とでは、それくらいの感覚の差が付いてしまうのです。

小ネタがあれば実践英会話でも役立つ

英語を学んでいる人は、英語でコンパクトにまとめて話せるネタをいくつか用意しておくと、困った時にそれがあなたを助けてくれます。英語で15秒でしゃべれるネタをいくつか用意しておくのです。

英文学の専門家・斎藤兆史《よしふみ》さんと『日本語力と英語力』（中公新書ラクレ）という対談本を作った時に、斎藤さんが言っていました。

「日本人が英語で話すためには、やはりネタが必要です。あらかじめ小ネタを用意しておかないと、なかなか会話に参加出来ないのです」と。

英語で話している時に、相手の言葉の内容を理解し、即座に反応出来ればそれに越したことはありませんが、そこまでの英語力に達していないのなら、まずは英語の小ネタを用意しておくのがいいそうです。あらかじめ用意していたネタがあれば、いいタイミングで、知的な会話、中身のある会話にスッと持ち込むことが出来るようになります。

実践的な英語の会話力を付けるいい方法だと思います。

謙譲語がすべての人に求められる時代

会話では、相手のプライドを尊重するという姿勢も必要です。常に相手の誇り・プライドを傷つけないというのが日本の作法であり礼儀です。

日本には礼儀をわきまえた言葉の使い方があります。それが敬語です。

相手を持ち上げる尊敬語、自分がへりくだる謙譲語、そしてもう一つ丁寧語がります。

会話に馴染みやすいのは謙譲語です。「私が申し上げます」「○○していただけると助かります」という言い方です。

実は今、この謙譲語がすべての人に求められるような時代に変わってきています。かつては社会的立場の上下関係がはっきりしていたので、下の人が上の人に尊敬語を使っていれば間違いありませんでした。

しかし今は社会の高サービス化が進んだ結果、「オール・サービス業」「全員サービス業」とでも呼ぶべき社会になってきました。相手を立てながら、みんながへりくだっているのです。その意味では誰しもが話し口調に緊張感を持たなければならない時代になってきたのです。

昔の政治家は違いました。「君、立場をわきまえたまえ」なんていうのはまだ丁寧なほうだったかもしれません。今はそんな言い方をする政治家はまずいません。ちょっと威張ったようなしゃべり方をすると「何様だ」と社会から批判されてしまいます。

口調が嫌われると人間が嫌われます。人間が嫌われると、やることなすこと、些細なことまで嫌われる。「あの人がやることはみんな嫌だ」なんて周りから思われたら、関係を修復するのに大きな労力をさかなければなりません。

口調はだいたい三つのタイプに分けられます。**上から目線の口調。フラットな立場からのリベラルな感じの口調。そして謙虚な口調です。**

友達同士ならフラットな口調、目上の人に対してやフォーマルな場では謙虚な口調というのが常道です。

上から目線の高圧的な口調は、現代ではどんな場面でも嫌われます。これが許されるとすれば、一種のユーモアだったり芸だったりする場合くらいではないでしょうか。例えばデーモン小暮閣下のようなキャラクターなら、高圧的な口調であっても「あの人はわざとあの口調で言っているんだから」ということを周囲が理解し、受け入れてくれる。あくまでユーモアだから出来ることです。

他人がジョークを言ったら盛大に笑う

ユーモアというのは、実は日本人があまり得意でない分野です。

本来、ユーモアやジョークというものは場の空気を上手に作ることの出来るツールです。初対面の相手と向かい合った時、軽い冗談を繰り出すことが出来れば、相手は「あ、ここは打ち解けていい場面なんだな」と受け取ってくれ、緊張感が和らぎます。笑いはストレスを減らしますし、免疫力を高めるとも言われているくらいですから、健康にも非常にいい。

自分でジョークが言えなくても、心がけ次第でユーモア問題、ジョーク問題に対応出来ることもあります。それは、「他人がジョークを言ったら盛大に笑う」ということです。

最近の若者は真面目なので、会社の上司が場の空気を解きほぐそうと思っても、なかなかほどけてくれないのです。端的に言えば、上司のジョークに笑わないのです。

私も大学の授業で時々ジョークを交えます。そしてほとんどの場合、学生は笑いません。その時、私は学生に訓練を課すことにしています。

「君たちが私のジョークを面白いと思うか思わないかなんてどっちでもいい問題なんだ。問題はそこじゃない。

私は場を和ませようとしてジョークを言った。それを真面目に聞いてどうする？　ここでは大きめに笑うことが必要なんだ」

学生にはまずそう説明します。

それから私は、「じゃあ、もう一度同じジョークをやります」と言って、同じ話を繰り返すのです。話の流れが分かるように、ジョークの手前の話から入り、平然と同じ話をし、そして同じジョークを言うのです。

そこで学生たちの笑いが薄かったら、もう一回同じことを繰り返します。

上手に笑える人間こそが、社会でやっていけるのです。ユーモアが上手に言えないのであれば、相手のユーモアに上手にリアクションをする。相手のジョークに上手く笑うことが出来れば、相手は「こいつはいい奴だ」と感じるのです。

会話の基本は相手の感情重視

会話の中の礼儀に関することで、「それ知ってるよ」問題があります。

相手が会話の中で新しい情報を出してくれた時に、「あ、その話、テレビで見た」とか「君からその話を聞くのは三回目だよ」という場面に遭遇することがあると思います。

しかしそこでその気持ちをストレートに声に出すのはマナー違反です。大人としての礼儀に欠けます。

相手が何か情報を開示してくれたら、まずは「へ〜」と軽く驚くのが礼儀です。なんでもかんでも本音をぶつけ合うことがいいわけではないのです。

聞き手にとっては知っている話、聞いたことのある話でも、話し手のほうは面白いと思って話し出しているのです。その感情の流れを、「それ知ってるよ」「それ前にも聞いたよ」と言って遮ってしまうと、駅の自動改札を上手く抜けられなかった時のような不快感を相手に与えてしまいます。そこはスムーズに通してあげてほしいのです。

その時には、自然な流れの中で話のテンポアップを促すようにしてあげればいいのです。相手の話に合わせて、「ふん、ふん、ふん」と「ふん」を三回続けて言ってみるという方法があります。「ふ〜ん」と言ってしまうと、感じ悪く響く時もあるのですが、「ふ

会話で気が晴れる

ん、ふん、ふん」だとちゃんと聞いているというサインにもなりますし、相手をリズムに乗せ、さらにアクセルを踏み込ませる効果もあります。

会話の基本は相手の感情を重視することです。話し手が気持ちいいように会話の流れを作ってあげられると互いの関係もよくなります。「聞き上手」も会話の名手です。一緒にいて楽しく、話し手の気が晴れます。

これは相手が肉親であっても同じです。特に親はよく同じ話を繰り返します。それを「もう何回目だよ」なんて遮ってはいけません。

落語だって同じ演目が繰り返し繰り返し上演されているのです。親の「同じ話」も古典芸能と思って受け止めてあげてください。それが親に対する礼儀です。親は新しい情報をそうそう仕入れられません。「それ知ってるよ」と言ってしまったら、子どもと会話出来る話なんてなくなってしまうのですから。

社会で可愛がられるには「後輩力」

会話をするには、互いの関係性を正確に把握した上で、その場、その相手に適した話し方をすることが基本です。つまり、目上の人や自分の組織外の人に対しては、敬語で接するのが基本です。

しかし、その上を行く会話力を持っている人は、時として敬語を使うべき相手にもフラットな口調で話しかけ、関係性を密にする技を身につけています。「相手の懐に飛び込むのが上手い」と言われる人がそのタイプです。

ビートたけしさんの下には昔から弟子入り志願の若者が大勢やってきていました。そこでたけしさんはどうやって人物を見分けるのか。

一番いいのは、気づいたら隣に座って酒を注いでいた、というタイプだそうです。酒を注いでもらってひとしきりその人と会話し、「で、お前誰だっけ?」というのが芸人として優れたタイプだというのです。

そんなこと普通じゃ出来ないよと思うかもしれませんが、たけしさんに言わせれば、たけし軍団の芸人とコネを作るなりなんなりして、たけしさんが現れる場所を突き止め、その上で相手の懐にスッと飛び込んでいけるような人でないと勤まらないということのようです。人脈形成力、情報収集力、そして対人能力。これくらい揃っていないと、生存競争の厳しい芸能界では生き残れないのかもしれません。

このように相手の懐に飛び込むという付き合い方は、「怖くてなかなか出来ない」という人も多いと思います。

では、これが上手に出来る人は何が優れているのかと言えば、相手との距離感のとり方なのです。このセンスがある人は、スッと近づくことも上手いのですが、危険を察知すると今度はサッと引くことが出来るのです。ボクシングにヒット・アンド・アウェイという言葉がありますが、チャンスと見ればスッと距離を詰めて攻撃する。危険を察知すればサッと引いて距離を保つ。この引く時は素早く引くということが出来ると、至近距離に飛び込む恐怖心もだいぶ少なくなるはずです。

このセンスは、「後輩力」という言葉で説明してもいいかもしれません。

後輩というのは先輩を立てる言葉遣いも出来ますし、「じゃあ、それは自分がやっておきますんで」「あ、お茶お入れします」と身体的に反応することも出来ます。同時に、ときおり距離を詰め、「先輩、これもらっていいっすか」という感じで親しげに話すことも出来ます。

礼儀をわきまえていながら、時に砕けた調子で甘えることも出来る。そうすると相手としては「可愛げがあるな」という印象を抱くのです。

社会に出ても、可愛がられる力、愛嬌というのは人間関係を築くうえで非常に重要な要素です。そういう力を備えている人は組織の中で周囲と協調して仕事を進めることが出来ますし、何より上司に可愛がられます。極端なことを言えば、愛嬌だけで出世する人もいるくらいです。

可愛げのある後輩から、「すみません。実はこれでしくじっちゃいまして。ちょっとこの部分で力を貸してもらえませんか」と上手に甘えられたら、きっと上司も「しょうがないな」などと言いつつ協力を惜しまないでしょう。

しかし「あなたのお世話にはなりません」「仕事以外であなたと関わり合いを持つつもりはありません」という態度だと、「可愛げがないな」ということになる。可愛げのない人を可愛がるというのは非常に難しいことなので、こういう人は永遠に可愛がられることはありません。

媚《こ》びを売る必要はありませんが、上手に甘えるということはもっと重視されていい行為です。

「どうだ。今日は一杯飲みに行くか？」

「はい。じゃあご馳走になります」

「おいおい、いきなりご馳走かよ」

といったやり取りが出来たらかなりの「後輩力」です。

せっかく誘ってもらったのに「今日はちょっとプライベートの用事があって」なんていうことが続くと、誘うほうもだんだん誘いづらくなってしまいます。

上の世代の人たちにも「上手に甘える」

甘える対象は社内の上司だけではありません。優秀な営業マンは時に顧客に甘えることで人間関係を強化しています。

とくに中高年の女性は、若い人が少しでも人間性を開示してくれると好感を抱いてくれたりします。

約束の時間ギリギリにやって来た営業マンが、「すみません。ギリギリの到着になってしまって。朝食も摂らずに飛んできました」なんて言うと、「あら、じゃあなんか食べる？」なんて声をかけてくれるかもしれません。

こういう時には遠慮は禁物です。「え、いいんですか。すみません」と言って食べさせてもらうべきです。というのも、相手方が食事を提供しようという気になった時には、遠慮せずにいただくというのが礼儀にかなっているからです。「いえ、結構です」と断ってしまうのは、いかにも面白みに欠けてしまいます。

もちろん出された食事は、たとえ口に合わなくてももりもり食べるのが鉄則です。「気持ちよく食べるのね」なんて言われたら好印象を持ってもらった証拠です。

「いや〜、美味しいご飯なので一気にいただいちゃいました」というように答えれば、「あら、可愛い」ということになり、そのお客さんとの信頼関係は相当強固なものになります。

自分よりも年齢が上の世代の人たちと上手に打ち解けるためには、このように「上手に甘える」ということも大切になってきます。

甘えるということは、相手に対し攻撃性はないですよと示すサインでもあります。だから相手も気を許してくれる。甘えは一つの技術です。意識すればその技術は身につけることが出来ます。「自分はそういうタイプじゃないから」と敬遠せずに、しっかり研究することをお勧めします。

第六章　「大人会話力」でパワーアップ

瞬時に本質に切り込む会話力

会合の席などで、企業の経営トップの方と会う機会がありますが、そういう人たちの会話にはある共通点があります。それは「本質を言うのが早い」ということです。

彼らは仕事が非常に出来る人たちです。処理しなければならない案件、決断しなければならない案件も非常に多い。だからいきなり本質を言ったりします。そしてそれがいちいち的を射ているのです。たわいもない世間話のつもりの話題であっても、突然本質を言い当ててきたりするので、非常に驚かされます。

出来る人というのは、瞬時に本質に切り込む会話力を持っています。

田中角栄が日中国交正常化に取り組んでいた時のことです。一九七二年、中国の周恩来首相との交渉の中で、田中角栄は「日本は本当に核を持たないのですか。非核三原則を謳っていますが本当ですか」と冗談交じりで聞かれたそうです。

その時、田中角栄はこう切り返しました。

「もちろん非核三原則は本当です。しかし、日本に核を持たせるいい方法が一つだけあります。

中国が日本に核を打ち込めば、日本は一晩で核兵器を作って、翌日には中国に打ち込むでしょう」

周恩来は言葉を失ったと伝えられています。

非核三原則は事実だが、事と次第によっては、われわれには一晩で核兵器を作れる力がありますよ、と伝えたわけです。この答えを瞬時に言える田中角栄の本質直観力には舌を巻くほかありません。

こういうやり取りが出来るのが大人の会話力だと言えるでしょう。

知的会話を楽しむ心

一方、最近の学生や若者と接していると、「会話における下流志向」の傾向が強まっていると感じます。難しい話、ためになる話を嫌う傾向があるのです。少しでも中身のある話をしようものなら、「そんな小難しい話、かったるいよ。な?」「じゃね?」みたいな感じで、話を打ち切ろうとする人が若い世代の中に増えているのです。

これは由々しき事態です。

まずは知的な会話を評価し、楽しむ心こそが大切です。私はその必要性を痛感したので、授業で実施するグループディスカッションでも「じゃあ順番に一人1分ずつ、知的教養に溢れた話をしてください」という課題を出したりしています。

知的教養に溢れた話をするコツは後述しますが、強引にでもそういう議論の場を作ってあげるとちゃんとレベルの高い会話を楽しむ空気が醸成されていきます。「知的な人が一人いると盛り上がるね」「聞いているだけでも頭が良くなった気がするね」という感想を持つようになるのです。

逆に、頭は良いのに、話がやたら理屈っぽくなる人や、話のテンポが悪い人は評価されなくなってきます。「知的教養に溢れた話が上手な人」と「そうではない人」との優劣がはっきりしてきますので、そこからお互いに切磋《せっさ》琢磨《たくま》する向上心も生まれてくるのです。

ヨーロッパでは昔から知的会話を楽しむ風土が根付いていました。フランスにおけるサロンや、イギリスにおけるクラブという場所は、ただお茶やお酒を飲むためにあるのではなく、知的会話をすることが目的になっている空間だったのです。

そういう場所に出入りするのはサロンであれば貴族だったり、クラブであれば上流階級の男性だったりと、限定された人たちだけでしたが、社会全体の中にも「知的会話に憧れる空気」はあったのです。

一時期の日本にも、大学生の間に似たような傾向はありました。文学や思想哲学、あるいは音楽や映画、芝居といった文化的な会話が出来ないと、「大学生らしくない」とされた時代が、つい三〇〜四〇年前まではあったのです。団塊の世代にあたる人たちが学生だった時期がそのピークと言えるでしょうか。当時は「ものを知らないことは恥」でした。

当時の大学生は、本をよく読み、音楽もたくさん聴いていましたが、その中身は旧来の「教養」とされていたものから、少しずつ幅を広げていきました。

例えば音楽ならクラシックだけでなくジャズが彼らの関心の中心になっていました。高校生はジャズを聴くことはあまりありませんでしたが、大学生には「学生がジャズを語れないのはいかがなものか」という共通認識があったのです。

また芝居についても、話題の中心は唐十郎や寺山修司のアングラ系の芝居が人気を博していました。競馬が広い意味での教養として捉えられるようになったのもこのころからでしょう。

新聞記者からニュースキャスターになった筑紫哲也さんは、こうした様々な分野に豊富な知識を持っていました。実に教養の幅が広い人でした。映画にも詳しいし、音楽にも詳しい。そして様々な分野に個人的な人脈を持っていました。ミュージシャンの井上陽水さんとも昵懇《じっこん》で、司会を務めるニュース番組のエンディングテーマ曲を作って歌ってもらっていたほどです。

こういう文化的香りをまとった人が一人いると、場が華やぎます。教養のある話題も軽い話題も自由自在に対応出来る。ニュース番組の司会をしていても、単に時事的なニュースを伝えたり解説したりするだけでなく、そこに文化的、教養的な風味が加わっていた。画面を通じてそれが視聴者側にも伝わっていたから、筑紫さんの番組は高い人気を誇っていたのだと思います。

「引用に基づいた会話」

では知的で教養に溢れた話が出来るようになるためには、どのようなことに注意したらいいのでしょうか。

イギリスのクラブに出入りする紳士たちの会話というものは、ウィットに富んでいたりユーモアがあったり新情報があったりするのですが、そういう中で周囲の人から「おっ」と思われる会話というのは、「引用に基づいた会話」です。

欧米人の会話には、古典からの引用が非常にたくさん出てきます。引用を使うと話の内容が一気に教養に充ち溢れた感じになるのです。

考えてみれば、フロイトはギリシャ神話のオイディプスを引用して「エディプス・コンプレックス」という概念を作りましたし、プラトンも最初のころは「ソクラテスはこう言った」という話ばかりでした。ニーチェもゲーテを引用しています。それほど引用というものは知的な行為でもあるのです。

では何を引用すればいいのか。欧米では不動のトップ3が確立しています。旧約聖書、新約聖書、シェイクスピアの三点です。英語の知的会話ではこれらは引用元の王道ですから、知的会話をする上で非常に効率のいい本、コストパフォーマンスのいい本と言えます。そのまま引用するのもいいですし、さらに聖書の言葉をもじったり、シェイクスピアの言葉をパロディー化したりして引用すると、「知的だし笑える」という会話になってきます。

聖書やシェイクスピアをそのまま読むのが一番ではありますが、ちょっととっつきにくいということであれば親切な解説書がいくつも出ていますので、そういうものを参考にすればすぐにでも会話に取り入れることが出来ます。例えばシェイクスピアなら『シェイクスピアの英語で学ぶここ一番の決めゼリフ』、『世界のエリートがみんな使っているシェイクスピアの英語』といった本がありますし、聖書についても同種の本はいくつもあります。

本を選ぶ時に、「この本は知的会話にどのくらい資するか」という着眼点を持つというのも、一つの読書のやり方です。そういう視点で見ていくと、やはり古典が効率がいいということになります。

私は日常的に『論語』を読みますが、そうすると話している時に、『論語』の言葉がポロッとこぼれ落ちてしまうことがあります。「さあ、引用しますよ」という感じではなく、「さりげなくポロッとこぼれ落ちる」という感じが出てくると知的教養の雰囲気がまた一段上がります。

講演会で大勢の人を目の前にして話している時にも、意図せず『論語』の言葉が口をついて出てくることがあります。そんな時に「いま『論語』の言葉が口をついてしまいました。すみません、教養がついこぼれ落ちてしまいました。話の知的程度を急に撥《は》ね上げちゃいましたか？」なんて冗談で言うと、意外にみんな笑ってくれたりします。このように、引用を自分で茶化して笑いにもっていく、というのも引用する時の一つの技と言えるかもしれません。

大学で教えている学生には、「エッセイや小論文のレベルを引き上げたいならば、ニーチェやドストエフスキーの文章を短く入れ込め」と言っています。文化的レベルが高いとされている人の文章を少し引用するだけで、出来上がった文章から受ける印象はずいぶん違ってくるのです。それまでは高校生の作文のようなものしか書けなかった大学生が、大学生らしい文章を書くようになるのです。確かにニーチェやドストエフスキーを引用する高校生はそうそういないでしょうから、それだけで文章のグレード感が違ってくるのです。

引用は文章単位でなくても効く場合もあります。

伊坂幸太郎さんの小説『陽気なギャングが地球を回す』(祥伝社文庫)という作品は、たいへんポップな小説ですが、作中に、外からは開けられるが中からは開けられないドアが付いている「グルーシェニカー」という車が登場します。これは『カラマーゾフの兄弟』に登場するグルーシェニカという登場人物の名をもじったものです。これ一つあることで、作品から文学の香りが漂い始めるわけです。

あるいはドン・ウィンズロウの『ボビーZの気怠く優雅な人生』(角川文庫)という作品は、アメリカのロックバンド、イーグルスの名曲『ホテル・カリフォルニア』の歌詞が引用されています。歌詞の引用ではありますが、そのことによって誰もが知っている『ホテル・カリフォルニア』という曲が作中のBGMに感じられるような効果を生んでいるのです。

得意分野で披露出来るネタを三つ用意

知的な会話を目指す場合、「引用力」だけでなく、知識も必要になります。この「知」の範囲をどう捉えるかというのは、なかなか難しい問題です。

例えば世界史が得意という世界史オタクが、友達との会話の中で世界史の知識ばかりしゃべっていると、「ちょっと煩わしいな」と思われるかもしれません。

しかし、特定の分野に精通していると、話している相手がその分野に興味を持ってくれた時にはものすごい力を発揮します。まず会話自体が盛り上がりますし、知らなかった知識をそこで知ることになるわけですから「面白い」「勉強になる」という反応を得ることも出来ます。

それがよく分かるのが、『マツコの知らない世界』というテレビ番組です。この番組は、ニッチな分野の専門家が登場し、世の中にはあまり知られていないその世界の進化、広がり、魅力などについて、出演者のマツコ・デラックスさんに説明していくというものです。

私がたまたま見た回では、「ビニール傘の世界」と「冷凍食品の世界」が紹介されていました。ビニール傘も冷凍食品も、商品としてはかなり成熟しているように思えたのですが、番組を見たら驚くほどの進化を遂げていることが分かりました。

この番組のパターンとしては、はじめのうちはニッチ過ぎる話にさほど興味を示さないマツコさんが、話が展開するうちに「えーっ、いまそんなことになっているの？」と驚き、グイグイ話題に食らいついてくる、という感じになることが多いのですが、これは実際の会話にも使えるパターンだと思います。

周りの人が知らない分野で、みんなが知ったら「えーっ」となるような面白いネタ、意外なネタを三つ用意しておく。得意分野の知識をただ垂れ流すのではなく、三つくらいにまとめて、ポンポンポンと話の中で提示してあげると、聞いている相手は「おお、この人はこんな分野にも目配りが利いている人なのか」と強い印象を残すことが出来ます。

自分に得意分野があるのであれば、その分野の知識を専門家なみに磨いておく。そしてその中で他人に披露出来るネタをセレクトしておくという習慣をつけておけば、「知的会話」をする時の大きな武器になり得ます。

ネット空間の情報活用法

音楽や映画、スポーツなどの分野には、一般の人の中にも豊富な知識を持っている人がいます。そういう人たちの知識を上手に参考にすることは、自分の鑑賞法や鑑識眼を養う上で非常に有効です。

例えば映画については、ネットでレビューを書いている人がたくさんいます。すでにＤＶＤ化されている作品だったら、アマゾンでその作品を検索すると、レビューコーナーに、短く、そして的確なコメントを載せている人がたくさんいます。

私はこういうレビューをとても参考にしています。例えば衛星放送で放映された映画などは録画で観ることが多いのですが、観終わった後にアマゾンでそのＤＶＤのレビューを眺めるのです。「ほうほう、やはりこの作品のポイントはここだったか」とか「なるほど。この映画にはそういう視点からの見方もあるのか。そう言われてみればいい作品だったかもしれないな」という感じで、もう一度その映画をほかの人の視点から味わい直すことが出来るのです。

私はレビューを読むだけですが、映画に詳しい友人と疑似的会話をしているようなものです。

またレビューの内容次第では「そうか、だったらあの映画はもう一度観ておいたほうがいいな。レコーダーから消去しないで残しておこう」という場合もあるので、貴重な情報源とも言えます。

また、サッカーファンの私は、日本代表が国際試合を終えた後にもインターネットのレビューをチェックします。ここでもまた玄人《くろうと》のようなサッカーファンが勝敗を分けたポイントや監督の采配、戦略の優劣について詳細に述べていてくれるのです。たとえ日本代表が負けてイライラしていても、それを読んで多くのファンと意見が一致していることが分かるとホッとしたりしますので精神安定の面からも有効なのです。

自分の周囲に、ある分野に精通した人がいる場合は、その人を大切にし、情報を交換する相手となってもらうのがいいですが、そういう人がいない場合にはネット空間を利用するのも効率がよく有益です。

話題に幅を持たせ、マニアックな分野も準備

知識、情報をたくさん持っていると、会話の時に相手の反応に合わせてネタをセレクトすることが出来ます。

私は講演をすることがありますが、だいたい一回の講演は90分くらいの時間になります。相手は数百人から一〇〇〇人くらい。それだけのお客さんを、バックダンサーもバックバンドもいない中、たった一人で楽しませなければなりません。

テーマは一応決まってはいても、話の具体的な中身は、その時々に応じて、お客さんの反応を見てその場でチョイスしていかなくてはなりません。

ある時、一〇〇〇人ほどのお客さんが全員女性という講演会がありました。私は、「講演会では一人のお客さんも眠らせない」というルールを自分に課しています。この時も話だけで一〇〇〇人もの女性を楽しませ、惹き付け続けることが出来るだろうかとチャレンジしました。

そのためにはやはり、いろんな話題を振ってみることが必要なのです。お客さんがどの話題に食いつくか、を見るのです。

この講演会の時、途中でつい話題がニュートンに及んでしまいました。ニュートンがど

れだけ人類に貢献したか、という話です。

みな3分くらいは聴いてくれていました。が、「加速度aが……」なんて式の話にまで至ると急速に関心が薄れていくのが分かりました。

「あ、みなさん、いま気持ちが離れてきましたね」なんて言うとドッと笑ってくれましたが、ニュートンを持ち出したのは私の失敗でした。

こういう場では、自分が話したいことよりも、いくつかネタを投入してその中に相手のリアクションがいいものがあったら「ここだ!」という感じでそこにグイグイ入っていく。そういう会話法が必要になります。

講演をする機会のある人は多くはないと思いますが、ちょっとしたスピーチや取引先の人と初めて一対一でお酒を飲む時も状況は同じです。ネタはいくつもないといけません。また話題の幅も必要ですし、マニアックな部分もあったほうがいい。大人の会話力を目指すのであれば、日常的にそうした準備を心がけておくのがいいでしょう。

一年間の知的蓄積・情報蓄積を測る目安

私は自分の知的蓄積、情報量の蓄積を測る目安として手帳を活用しています。

本を一冊読み終わったら、日付のところに書名を書き込みます。映画を観たら映画のタイトルを記入しておくのです。重要な本や映画でなくとも記入するようにしています。感想は書かなくていい。タイトルだけを書くのです。

もちろん手帳には予定も書いてあります。外せない大事な用事は赤で、まあまあ大事というものは青、自分の楽しみにしている予定——例えば「サウナ」など——は緑でという具合です。赤と緑のバランスがいいと、「今週は充実していたな」という満足感が得られます。

こうして私は手帳を軸にして生活を回しているのです。一年が終わる時にも、その手帳を見直します。除夜の鐘の音を聞きながら、その年一年で読んだ本と観た映画を振り返るのです。

そこで、一年間にどれだけ知的成長が出来たのか、どれだけ知識の幅を広げることが出来たのかを確認するのです。

これはぜひ多くの人に真似してほしい方法です。

多少なりとも知的向上を目指す人であれば、大晦日に手帳をめくってみて、「あ、今年は一〇冊も本を読んでいなかったな」ということであれば、「これは大変な年を過ごしてしまった」と反省しなくてはなりません。

読書というものはやはり知的向上心のバロメーターです。情報を仕入れる道は他にもありますが、書籍は情報や知識がしっかりとまとまっているものです。ネットで見た、雑誌で読んだ、テレビで見たというだけでは、情報・知識の深みが十分ではありません。いろんなことに関心があっても、テレビや雑誌、ネット止まりという人は、ずっと浅瀬でパシャパシャ遊んでいるようなものです。

そこで捕まえられる獲物は浅瀬を好む小魚やヤドカリ、アサリくらいです。そこで得られるもので「教養」と呼べるようなものはありません。

その先には大海原もあるし深海もあります。マグロやカツオなどは本格的な書籍ですし、深海魚は専門書と言えます。時にはフグのように毒を含んだ本もありますが、そういう出会いもまた読書の楽しみです。そういう世界に触れてこそ、知識の幅も深みも出てくるのです。

一年間の読書量を振り返ると、「自分に知的魅力が足りないのは、やっぱり読書量が少ないからなんだな」というのが単純に分かるようになります。

読書というものは、慣れてくれれば読むスピードがどんどん速くなるものです。苦手意識がある人は、「この作者の作品なら読める」という著者を見つけて、その人の本を集中的に読んでみることを勧めます。著者に慣れていくと、その人が言おうとしていることの方向性も分かってきますし、書いていることを理解する速度も増してきます。それまでは足で歩くようなスピードだったものが、そのうち馬にでも乗っているような感覚になってきます。そうなると少しくらい読み飛ばしても論旨についていけるようになる。

その程度まで本に慣れてくれれば、他の著者のものも難なく読みこなせるようになっています。

中身の濃い話は「漢字かな交じり文」

軽妙な文章を書くことを「話すように書く」という場合がありますが、知的で中身のある話をする人は「書くように話す」ことが出来る人と言えます。

練習を積んでいくと、話している言葉をそのまま活字にしてもおかしくない話し方が出来るようになるのです。いわば「活字会話法」が身についています。

アナウンサーの人たちは、やはり相当訓練されていますから、言い間違いが少なくて、話し言葉が文章になっていないことがまずありません。きっちりと語尾まで言い切っています。

アナウンサーのように訓練を積んだ人は、話し言葉の中から無駄な言葉が省かれて、かつ必要な語彙がきちんと揃っていて、用件を豊かに伝えることが出来ます。

逆に自分の感覚でしゃべろうとする人というのは、気持ちばかりがワッと前に出てしまい、その話し言葉を録音して文字に起こしてみると、とても文章とは呼べないシロモノになっているのです。そもそも用件の大事な部分やキーワードが入っていないということもあります。

これでは相手に知的な印象は与えられません。

「活字会話法」の練習としては、話す時にまず頭の中に活字を思い浮かべ、それに基づいて話すということです。例えば「イギリスのEU離脱」について話をするのであれば、頭の中で「離脱」という漢字を思い浮かべます。そして「離脱」とはっきり発音するのです。話す前に頭の中でキーワードとなる漢字を思い浮かべ、そしてしっかり発音する。これを繰り返してみましょう。

普段は意識していないでしょうが、日本語というのは漢字を思い浮かべてから話すようになっています。そうしないと難しい話はしにくくなるのです。

日本語の場合、話の受け手側も、ただ音声を認識するだけでは意味が理解しにくくなります。そこで音声を頭の中でいったん活字に変換して理解しています。

ですから日本語の会話とは、お互いに頭の中で「漢字を音声に」、「音声を漢字に」と瞬時に変換し合いながらやり取りする行為なのです。

簡単な話は音声のみで理解し合えるのですが、少し込み入った話になると、どうしてもこの変換作業が必要になるのです。

だから「漢字かな交じり文」に変換できない人は、相手が何を言っているのか分からないのです。小学校低学年の子どもの前で新聞記事を読みあげてみても、彼らはほとんど理解出来ないはずです。それは内容のレベルが高いということもありますが、この変換作業が十分に出来ないという理由もあるのです。

普通の会話や雑談は変換しないですむレベルのものが多いのですが、中身のある話は変換が必要です。そしてこの「漢字かな交じり文」に変換しなければならないような中身の濃い会話がスムーズに出来るようになると、仕事の話が速くなります。デキる大人として認められるようになります。

例えば銀行の経営トップたちというのは、限られた時間で次々と判断を下していかなければなりませんから、コンパクトに中身のある話をしなければなりません。彼らの会議での会話は、新聞記事を突き合わせているような感じの、漢字が多く、必要最小限の要件を詰め込んだような内容になっています。その上で情の部分を加味して、「じゃあ双方の利益を考慮して落としどころはここだな」という具合で決断をしていきます。彼らの頭の中では猛烈な勢いで変換作業が行われているはずです。

この変換する力を養うには、やはり読書が一番です。本を読むということは、誰かが話していることを活字として頭の中に取り込んでいく作業ですから、五〇冊、一〇〇冊と読み込んでいくと、頭の中に自然に活字会話法が沁み込んでくることになります。

頭の中に沁み込んだ文章を自由に思い浮かべることが出来るようになると、今度は誰かとしゃべる時にも、本で著者が書いていたような話し方が乗り移ってくるようになるのです。

だから読書量は、会話の濃度を決める重要なファクターになります。本を読むと「教養を身につける」と同時に語彙力を付けることが出来ます。そこで身につけた書き言葉ならではの語彙を豊富に会話の中に入れていくと、中身があってコンパクトな会話が出来るようになります。

難しい語彙が扱えない人は、感情のやり取りは出来ても、コンパクトな意味のやり取りが出来ない人と見なされてしまうのです。

第七章　言葉遣いのセンスを古典と名作に学ぶ

『福翁自伝』は最高の会話テキスト

前章では、語彙力が会話力の足腰になると述べました。そこで語彙力を伸ばすために強く勧めたいのが古典を読むということです。

その中でも特にお薦めの古典が二つあります。一つは福沢諭吉の『福翁自伝』です。これは話し言葉で書かれているものですが、その言葉遣いが見事であり、また福沢諭吉の話し口調も上手く再現されており、会話のテキストとしても抜群の出来なのです。

読んでみると、「話すということはこういうことなんだ」と気づかされます。もしも人から「出来る人の話し方ってどういうものですか?」と質問されたら、「これがその手本です」と言えるくらい会話力のテキストとしても最上位の本だと断言出来ます。もしも「まだ読んだことがない」という人がいれば、実にもったいないことだと思ってください。

またこの福沢諭吉という人物は非常にオープンで外に開かれた人だったのですが、その開かれ具合がよく分かる記述が多く、人生の指南書としての価値も高い本です。そういう点も含めて、私は世界中の自伝の中でもトップクラスに位置するくらい素晴らしい著作だと思っています。

「精神は誠にカラリとしたものでした」

福沢は言葉遣いのセンスが抜群でした。

「卜筮呪詛《うらないまじない》いっさい不信仰で、狐狸《きつねたぬき》が付くというようなことは初めから馬鹿にして少しも信じない。小供ながらも精神は誠にカラリとしたものでした」（以下、引用は講談社学術文庫より）

ほれぼれするような文章ではありませんか。精神を「カラリ」と表現するセンスの良さがひときわ光ります。「これこそが言葉を遣いこなせる人間の言葉の遣い方なんだな」と痛感させられる部分です。

福沢は大和言葉も上手ですが、漢語も達者です。また若いころから洋書を読むことを仕事としていましたから、英語やオランダ語にも通じていました。

福沢は翻訳を仕事としていたこともありましたが、そこでは英語的な文脈における訳語をたくさん作りました。例えば彼は、「right」を「権理」「通義」と訳しました。現在は「権利」という字があてられていますが、right には「正義」や「政治的に正当な要求」といった意味がありますので、利益の利をあてるよりも、真理の理をあてた福沢の訳のほうが適当だったのではないかと思われます。そのくらい言語センスが鋭かった人なのですが、『福翁自伝』でもそのセンスがいかんなく発揮されています。

この自伝が口述であるということを考え合わせると、私たちの普段の話し言葉もこのようなレベルを目指すべきではないでしょうか。このようにモデルはテキストとしてしっかりあるのですから、手元に置いて参考にすべきでしょう。

中身のある内容を、これほど的確な言葉で、しかも親しみの滲《にじ》む言葉で伝えることが出来る。しかもその中に漢語がたくさん交じっているし、今の人が絶対に遣いこなせないレベルの語彙がたくさん入っている。それでいながら難しくない。さすがは肖像画が一万円札に使われる人物です。

福沢諭吉が現代に生きていたなら、きっとテレビの世界で引っ張りだこになるはずです。難しい話題も分かりやすい的確な言葉でサッサと解説してしまうニュースキャスターとか、軽妙洒脱、センス溢れる言葉でゲストと愉快なやり取りを繰り広げるトーク番組の司会者とか、そうした分野でも大活躍したことでしょう。それだけの言語能力の持ち主であることが『福翁自伝』からだけでもよく分かります。

「喜怒色に顕わさず」

福沢はこの自伝の中で、いわゆる「自分語り」をするのですが、自分の手柄を自慢するようなことは言いません。自分の著書や訳書が大ヒットしたことについて、「ソレデモその書がことさらに大いに流行したのは、文明開国の勢いに乗じたことでありましょう」とさらりと語っているのです。

また、福沢の人間臭いところもよく出ています。彼は「喜怒《きど》色《いろ》に顕《あら》わさず」という言葉を、**漢書の一節に見つけ、「これは金言だ」**と座右の銘にしたと述べています。喜怒哀楽を顔に出さず、いつも冷静であるように、という意味です。

「始終忘れぬようにしてひとりこの教えを守り、ソコデ誰が何といって賞《ほ》めてくれても、ただ表面《うわべ》に程よく受けて心の中には決して喜ばぬ。また何と軽蔑されても決して怒らない。どんな事があっても怒った事はない。いわんや朋輩《ほうばい》同士で喧嘩をしたという事はただの一度もない。ツイゾ人と摑合《ツカミヤ》ったの、打ったの、打たれたのという事はちょいともない」

さすがは大人物です。「喜怒色に顕わさず」を実に忠実に守ったのです。そして自伝はこう続きます。

「ところが先年二十何年前、塾の書生に何とも仕方のない放蕩者《ほうとうもの》があって、私が多年衣食を授けて世話をしてやるにもかかわらず、再三再四の不埒《ふらち》、あるときそのものがどこに何をしたか夜中《やちゆう》酒に酔って生意気な風をして帰ってきたゆえ、『貴様は今夜寝ることはならぬ、起きてチャント正座していろ』と申し渡しておいて、少しして行ってみればグウグウ鼾《いびき》をしている。『この不埒者め』といって、その肩のところをつらまえて引き起して、目の醒《さ》めてるのをなおグングンゆたぶってやったことがある。その時あとでひとり考えて、『コリャ悪いことをした、おれは生涯、人に向ってこっちから腕力をしかけたような事はなかったに、今夜は気に済まぬ事をした』と思って、何だか坊主が戒律でも破ったような心地《ココロモチ》がして、今に忘れることが出来ません」

経済的に世話になっておきながら、酔いつぶれて醜態を晒す書生をちょっときつく注意したからといって、そこまで反省しなくてもよさそうな気もしますが、これを気に病み、忘れることが出来ないというのは、実直な性格の一面が垣間見え、非常に興味深いものです。

このように披露されているエピソードはシンプルなものが多いのですが、その一つひとつに中身があって面白く語られています。「無駄な言葉もないし、エピソード語りが上手いなあ」と感心させられます。

社交を重んじる「武士の気質」

この自伝は福沢の晩年に作成されたもので、もちろんその時点で功成り名を遂げた大人物だったわけですが、語り口に威張っている感じがまるでありません。だからといって謙虚というものでもなく、得意なことは「初めから得意でした」と率直に言っています。つまり事実をオープンに言っているわけです。

なるほど、これは外国人と接した時、絶対にいい印象を与えるはずです。アメリカやヨーロッパに渡った経験を持つ福沢は、オープンな性格で引っ込み思案なところがないので、外国人ともフランクに付き合えたはずです。外国人に対して、臆するところがなかったのです。

そして何より福沢は社交を重んじていました。だから、アメリカに留学させた二人の息子には、「絶対にシャイネスだけはやめなさい、恥ずかしがりは良くないよ」と手紙に書いてアドバイスしているほどです。

彼には「恥ずかしがる」ということがなかった。常に堂々としていればいい。その姿勢はきっと彼の中にある「武士の気質」からくるものだと思います。

福沢というのは開明的な人物ですが、実は非常に武士の気質を持っていました。だから明治維新以降、武士という系統が途絶えてしまうことを強く懸念していました。「武士が革命を起こして世界を変えたのだ、武士が持つやせ我慢の気質がなくなったらダメなんだ」と考えていたのです。

彼自身は、生涯武士の気概を失いませんでした。**武士の気概とは、一言で言えば「覚悟が決まっている」ということです。**覚悟が決まっているから、いつも気が張っているし、何か事にあたってもびくつかない。外国人を相手にしても臆することもない。自分の二本の足でしっかり立つ。武士の良さを、近代の独立ということに結びつけたのです。

福沢の生き方を見ると、その気概を貫き通した一生だったのだということがよく分かります。

黒船がやってきて武士も含めた大半の日本人がおびえてしまった時代に、咸臨丸に強引に乗り込んでアメリカを実際に見に行ってくる。そして帰ってきたらその様子を『西洋事情』(慶應義塾大学出版会)という本にまとめて、海外情勢を広く世間に知らしめました。まだ開国前の時代です。『西洋事情』の中で福沢は、「外国はすごいところだけれど臆することはないんだ」と丁寧に説いていました。そういう下地を福沢が作ってくれていたから、日本人はスムーズに開国して外国を受け入れ、文明開化に慣れていったのだと思うのです。

学問をし、知識を得て独立心を養う

福沢は、開国して各国と対等に付き合い、そして独立を守らなければならないと繰り返し説いていました。

福沢の代表作でもある『学問のすゝめ』（以下、引用は講談社学術文庫より）では、その意見が繰り返し述べられています。この『学問のすゝめ』は口述筆記の『福翁自伝』とは違い、当時の書き言葉で書かれていますが、現代の私たちが読むのに苦労するような文体ではありません。

「『天は人の上に人を造らず、人の下に人を造らず』といへり」という書き出しはあまりに有名ですが、『学問のすゝめ』には、国家のあり方、個人のあり方について福沢の主張が記されていて、これが非常に面白いのです。

例えば国家の独立と外交について、彼はこんなふうに述べています。

「日本とても西洋諸国とても、同じ天地の間にありて、同じ日輪《にちりん》に照らされ、同じ月を眺《なが》め、海を共にし、空気を共にし、情合《じやうあ》ひ相同じき人民なれば、ここに余るものは彼に渡し、彼に余るものは我に取り、互ひに相教へ互ひに相学び、恥づることもなく誇ることもなく、互ひに便利を達し、互ひにその幸ひを祈り、天理人道に従つて互ひの交はりを結び、理のためにはアフリカの黒奴にも恐れ入り、道のためにはイギリス・アメリカの軍艦をも恐れず、国の恥辱とありては、日本国中の人民一人も残らず命を棄てて国の威光を落とさざるこそ、一国の自由独立と申すべきなり」

「人民一人も残らず命を棄てて」というあたりは現在の考え方にマッチしない考えですが、そこを除けばなんと開明的で、平等主義で、他国を尊重し、独立心に溢れる文章でしょうか。短い文章で本質を突き、スパッと言い切るこの筆力。本当に圧倒されます。

福沢は、学問をすることは大切です、知識を得て独立心を養うことは大切です、と説いて、そのためには国家レベルでも個人レベルでも、互いを尊重し合い、交際を密にし、そして相互理解を深めていかなければならないと主張しています。

そのため『学問のすゝめ』の中で、個人レベルでの社交を繰り返し勧めています。おそらく当時、突然平民に身分が変わってしまった旧士族の人たちなどは、他人に愛想よく振る舞うなどということは出来なかったのでしょう。まず福沢は「それじゃあいかん」と述べています。

「顔色容貌《がんしょく》を快《こころよ》くして、一見、直ちに人に厭《いと》はるることなきを要す。肩を聳《そび》やかして諂《へつら》ひ笑ひ、巧言令色、太鼓持ちの媚びを献ずるがごとくするは、もとより厭ふべしといへども、苦虫を噛み潰して、熊《くま》の胆《い》を啜《すす》りたるがごとく、黙して誉められて、笑ひて損をしたるがごとく、終歳胸痛を患《うれ》ふるがごとく、生涯父母の喪《も》に居《ゐ》るがごとくなるも、またはなはだ厭ふべし。顔色容貌の活潑愉快なるは、人の徳義の一箇条にして、人間交際において最も大切なるものなり。人の顔色は、なほ家の門戸のごとし。広く人に交はりて客来を自由にせんには、まづ門戸を開きて入口を洒掃《さいさう》し、とにかくに寄りつきをよくすること緊要《きんえう》なれ。しかるに今、人に交はらんとして、顔色を和するに意を用ひざるのみならず、かへつて偽君子を学んで、ことさらに渋き風を示すは、戸の入口に骸骨をぶら下げて、門の前に棺桶《くわんおけ》を安置するがごとし。誰かこれに近づく者あらんや」

どうでしょう。驚きませんか？　なぜなら福沢はまさに「オープンバディを作れ！」と言っているのです。やはり昔の人でも社交に通じた人は、「オープンマインド・オープンバディ」の必要性を痛感していたのでしょう。

それを福沢は巧みな比喩を交えてこんこんと説いている。現代の私たちに大きな示唆を与えてくれる内容です。

「人にして人を毛嫌ひするなかれ」の意味

さらに『学問のすゝめ』の最後の締めでは、オープンマインドの大切さについても述べているのです。

「先年宮の渡しに同船したる人を、今日《けふ》銀座の往来に見掛けて、双方図らず便利を得《う》ることあり。今年《ことし》出入りの八百屋《やほや》が、来年奥州街道の旅籠屋《はたごや》にて、腹痛の介抱してくれることもあらん。人類多しといへども、鬼にもあらず、蛇《じや》にもあらず、ことさらに我を害せんとする悪敵はなきものなり。恐れ憚《はばか》るところなく、心事を丸出しにして、颯々《さつさ》と応接すべし」

ちょっとした知り合いでも、後にどこかで世話になるかもしれない。お付き合いしたからといって害になる人なんていないんだから、怖がったりひるんだりしないで、知り合った人にはさっさと応接せよと言っています。

さらに福沢は続けます。

「ゆゑに交はりを広くするの要は、この心事をなるたけたくさんにして、多芸多能、一色《いつしよく》に偏《へん》せず、さまざまの方向に由《よ》りて人に接するにあり。あるいは学問をもつて接し、あるいは商売に由りて交はり、あるいは書画の友あり、あるいは碁・将棋の相手あり、およそ遊冶放蕩《いうやはうたう》の悪事にあらざるより以上のことなれば、友を会するの方便たらざるものなし。あるいは極めて芸能なき者ならば、ともに会食するもよし、茶を飲むもよし。なほ下《くだ》りて筋骨の丈夫なる者は、腕押し・枕引き・足角力《あしずまう》も、席の興として交際の一助たるべし。腕押しと学問とは、道同じからずして、相与《あひとも》に謀《はか》るべからざるやうなれども、世界の土地は広く、人間の交際は繁多にして、三、五尾の鮒《ふな》が井中《せいちゆう》に日月《じつげつ》を消《せう》するとは少しく趣を異にするものなり。人にして人を毛嫌ひするなかれ」

つまり話題を増やしておいて人に接するのがいいというのです。

情報のネタをたくさん持て。書画でも将棋でも碁でも趣味や得意分野を通じて人と付き合うのもいい。一緒に食事をするのもいいし茶を飲むのもいい。体が丈夫なら腕相撲でも足相撲でもいい。そうやって、多方面で友人を作りなさい。われわれが住む世界は広く、人の数も多いのだから、いちいち誰かを毛嫌いしていてはいけないんだよ——これが『学問のすゝめ』の締めのメッセージなのです。

単なる文筆家、教育者にとどまらず、「知情意体」のすべてを兼ね備えたコミュニケーション術の達人、それが福沢諭吉なのです。

『氷川清話』での人物評論コメント力

この章の冒頭で、「お薦めの古典が二つある」と書きました。一つが福沢の『福翁自伝』でしたが、もう一つはすでに何度か述べた勝海舟の『氷川清話』です。勝海舟は、山岡鉄舟、高橋泥舟《でいしゅう》とともに「幕末三舟」の一人に数えられ、幕臣として江戸城の無血開城を主導した歴史上の大立者です。

その勝の『氷川清話』も『福翁自伝』と同様に口語体で書かれています。そのため江戸っ子・勝海舟の快活な語り口が上手く再現されていて、会話法のテキストとしても最上のものと言えます。

実は、この『氷川清話』は、私の中学時代の愛読書でもあります。口語体ですから中学生にも簡単に読めるのです。中学生の私は「こういうふうに話せたら人として格好がいいな、人間とはこう生きるものなのだな」ということを学びました。それくらい私にとっては思い入れのある本なのです。

『氷川清話』は、勝が自身の履歴について語った自伝の部分に加え、人物評論や当時の時事問題についての論評など、バラエティに富んだものです。

その中でもまず、人物評論の部分が面白い。

「おれは、今までに天下で恐ろしいものを二人見た。それは、横井小楠《よこいしょうなん》と西郷南洲《さいごうなんしゅう》とだ。

横井は、西洋の事も別に沢山《たくさん》は知らず、おれが教へてやつたくらゐだが、その思想の高調子な事は、おれなどは、とても梯子《はしご》を掛けても、及ばぬと思つた事がしばしばあつたヨ。おれはひそかに思つたのサ。横井は、自分に仕事をする人ではないけれど、もし横井の言を用ゐる人が世の中にあつたら、それこそ由々しき大事だと思つたのサ。

その後、西郷と面会したら、その意見や議論は、むしろおれの方が優《まさ》るほどだツたけれども、いはゆる天下の大事を負担するものは、果して西郷ではあるまいかと、またひそかに恐れたよ。

そこで、おれは幕府の閣老に向つて、天下にこの二人があるから、その行末に注意なされと進言しておいたところが、その後、閣老はおれに、その方《ほう》の眼鏡《めがね》も大分間違つた、横井は何かの中分で蟄居《ちっきょ》を申付けられ、また西郷は、漸《ようや》く御用人の職であつて、家老などといふ重き身分でないから、とても何事も出来まいといつた。けれどもおれはなほ、横井の思想を、西郷の手で行はれたら、もはやそれまでだと心配して居たに、果して西郷は出て来たワイ」（以下、引用は講談社学術文庫より）

西郷隆盛の名前が世の中に知れ渡るずっと以前から、勝が西郷の行動力・度量をこれほどまで評価していたことに驚きを禁じ得ません。

それほど優れた鑑識眼を持った勝でしたから、人物評論が面白くないはずがありません。例えば徳川斉昭《なりあき》については、「水戸の景山を烈公々々と敬《うやま》つていふが、耳が遠くてなかく〳〵の僻《へき》人物サ。西山公《せいざん》を学んで学び損《そこな》つたんだサ。あれよりは慶喜公の方がよほど人物だよ」と、一五代将軍の父親をバッサリ切り捨てている。

あるいは木戸孝允《たかよし》については、「木戸松菊《きどしょうぎく》は、西郷などに比べると、非常に小さい。しかし綿密な男サ。使ひ所によりては、ずいぶん使へる奴だつた。あまり用心しすぎるので、とても大きな事には向かないがノー」と、有能だけれど人物が小さいと断じています。

江戸っ子口調で、勢いがあって小気味いい。とにかくそのコメント力は抜群です。

勝海舟のマインドフルネス

維新前には幕臣、維新後は新政府の政治家として活躍した勝ですが、『氷川清話』によれば、「おれは、一体文字《モンジ》が大嫌ひだ」と勉強嫌いを告白し、「本当に修業したのは、剣術ばかりだ」と述懐しています。その剣術修業の様子についてこう語るのです。

「毎日稽古がすむと、夕方から稽古衣一枚で、王子権現に行つて夜稽古をした。いつもまづ拝殿の礎石に腰をかけて、瞑目沈思、心胆を練磨し、しかる後、起《た》つて木剣を振りまはし、更にまた元の礎石に腰を掛けて心胆を練磨し、また起つて木剣を振りまはし、かういふ風に夜明まで五、六回もやつて、それから帰つて直ぐに朝稽古をやり、夕方になると、また王子権現へ出掛けて、一日も怠らなかつた」

「拝殿の礎石に腰をかけて、瞑目沈思、心胆を練磨し」というのは、おそらく丹田呼吸法のことでしょう。木刀を使っての素振りや型の稽古と丹田呼吸法を一晩で何度も繰り返していた。それが勝の修業スタイルだったのです。

さらに、剣術道場の先生のアドバイスに従い、彼は禅にも取り組みます。

「彼《か》の島田といふ先生が、剣術の奥意を極めるには、まづ禅学を始めよと勧めた。それで、たしか十九か二十の時であつた、牛島の弘福寺《ぐふくじ》といふ寺に行つて禅学を始めた」

「かうして殆んど四ケ年間、真面目に修業した。この坐禅と剣術とがおれの土台となつて、後年大層ためになつた。瓦解の時分、万死の境を出入して、つひに一生を全《まつと》うしたのは、全くこの二つの功であつた。ある時分、沢山剣客やなんかにひやかされたが、いつも手取りにした。この勇気と胆力とは、畢竟この二つに養はれたのだ。危難に際会して逃れられぬ場合と見たら、まづ身命を捨てゝかゝつた。しかして不思議にも一度も死なゝかつた。こゝに精神上の一大作用が存在するのだ」

剣術と丹田呼吸法と禅。これが勝海舟を作り上げた基だというのですが、呼吸法や禅は今でいうマインドフルネスのトレーニングです。剣術とマインドフルネスで何事にも動じない身心を獲得したからこそ、危険な場面も潜《くぐ》り抜けることが出来たというのです。

われわれも勝と同じような身心を剣と禅を通じて獲得出来ればいいのですが、忙しい現代人は丹田呼吸法に取り組むのが良策だと思います。

覚悟を決め、呼吸を計り、実行する

こういう修業をしていたためでしょう。勝は、気合と呼吸というものを非常に重視していました。なにか事に当たる時には、そのタイミングが大事だというのです。

「全体何事によらず気合といふことが大切だ。この呼吸さへよく呑み込んで居れば、たと

へ死生の間に出入しても、決して迷ふことはない。しかしこれは単に文字の学問では出来ない」

「おれなどは、理窟以上のいはゆる呼吸といふものでやるから、容易に失敗もせぬが、万一さういふ逆境にでも陥つた場合には、ぢつと騒がずに寝ころんで居て、また後の機会が来るのを待つて居る。そしてその機会が来たならば、透《すか》さずそれを執《と》まへて、事に応じ物に接してこれを活用するのだ。つまり、これが真箇の学問といふものさ」

こんな人だから政治で大きな仕事が出来たのでしょう。勝は、言論の人ではなく実行の人です。覚悟を決め、呼吸を計り、機とみれば大胆に実行に移す。本だけ読んでいるようじゃダメだというのが勝の考えの根底にあるのです。

「今の若い人は、どうもあまり才気があつて、肝腎な胆力といふものが欠けて居るからいけない。いくら才気があつても、胆力が無かつた日には何が出来るものか。天下の事は、口頭や筆端ではなか〳〵運ばない。何にしろ今の世の中は、胆力のある人が一番必要だ」

私たちが生きる現代は、勝海舟の時代とは違い、情報の時代ですから活字力を大事にしないといけません。ただし、世の中の実際、実務に強いということも大事です。何か大きな事に取り組む時の心構えについて、この本は実に多くの示唆を与えてくれます。

福沢諭吉と勝海舟。ともに一流の人物ですが、二人に共通しているのは、覚悟が決まっていて、かつ人に対して常にオープンであるということです。

オープンマインド・オープンバディの効用を、彼らの著書を通じて学んでみるのも大切なことです。

東アジアが学んだ孔子の会話力

教養として読んでおいたほうがよいものの筆頭に私はよく『論語』を挙げています。そう言うと、「いや『論語』はちょっと」と逃げ腰になる読者の姿も目に浮かぶような気がしますが、実は『論語』の思想というのは、私たち日本人に非常になじみ深いものなのです。

『論語』というものは、孔子と弟子のやり取りをまとめた言行録であり、孔子を始祖とする儒教の経典の一つ。二五〇〇年もの間伝えられてきたものです。

日本では江戸時代に儒教が広く浸透したため、そこで『論語』も読まれるようになったわけです。そしてその儒教と『論語』が、今に引き継がれる日本人のメンタリティを作ったのです。韓国も儒教の国ですからそうですし、中国もある時期までは同様でした。

そう考えると、東アジアの文化圏というのは、孔子の会話力を自然に学んでいると言っても言い過ぎではないのです。

孔子はもともとは、魯《ろ》の国の君主を支えるブレーンでした。ところがそこを追い出されてしまい、それ以降、放浪の旅に出ます。各地を放浪し、仕官の道を求めていたのです。「政治をやりたい」という気持ちが強かったのです。

ところがなかなか孔子を雇おうという国がなかった。そのために放浪生活が長く続きました。ただ、その間に孔子は名言を吐き続けたわけですので、彼には申し訳ないですが、われわれにしてみれば「孔子が放浪してくれていてよかった」ということになります。

ビジネスパーソンの処世術となる名言

孔子の名言には、意外にも現代に生きるビジネスパーソンの処世術になり得るものがたくさんあります。

「子貢が曰《い》わく、斯《ここ》に美玉あり、匵《ひつ》に韞《おさ》めて諸《こ》れを蔵せんか、善賈《ぜんこ》を求めて諸れを沽《う》らんか。子の曰《のたま》わく、これを沽らんかな、これを沽らんかな。我れは賈を待つ者なり」（第九―一三。以下、引用は岩波文庫より）

これはどういうやり取りかというと、弟子の子貢が、比喩を用いて、孔子に出仕する意志はあるのかどうかを聞いているのです。

「先生、ここに美しい玉があるとします。箱に入れてしまっておくのがよいでしょうか、それともよい値で買ってくれる人を求めて売るのがよいでしょうか」

「売ろう、売ろう。私はよい値で買ってくれる人を待つ者だ」

こういうやり取りなのですが、二人の真意は、「どこかから就職の話が来たら受けますか？」「自分は買い手があればどこにでも行くよ」ということなのです。

実際に孔子は、そんなにいいと思われない君主から呼ばれた時にも「呼んでくれるんだから」と言って仕官するのです。選《え》り好みをせず、自分を評価してくれる人がいれば行く。そういう柔軟性があった。それが孔子の姿勢でした。

これも一つの生き方です。妙なプライドを持っていなかった。

私はこの一節は、ビジネスパーソンの座右の銘に最適だと思います。仕事が出来る人というのは、周囲のリクエストに応えられる人、求めに応じられる人なのです。

それなのに、いちいち仕事を選り好みしたり、「あれは出来ません、これは出来ません」と言っていたりすると、いつの間にか仕事を頼まれなくなります。

会社員は給料は保障されているかもしれないけれど、仕事を頼まれない状況が長く続くと、その後の出世に響かないわけがありません。

そもそも仕事というものは、一〇人のチームで一〇の作業量をこなす時でも、一人が一ずつやっているわけではありません。一人で四くらいやってしまう人もいれば、〇・五くらいしかやらない人もいる。そういうものです。

だから、「売らんかな、売らんかな」という姿勢の人にはどんどん仕事がくるけれど、「必要以上の仕事はやりたくない」という人には、だんだん仕事が回ってこなくなるのです。

「組織の論理」と心の持ち様を学ぶ

座右の銘にぴったりの言葉は他にもあります。

「子の曰《のたま》わく、君子は能《のう》なきことを病《うれ》う。人の己れを知らざることを病えず」（第十五—一九）

人が自分を分かってくれないということを憂うんじゃない。自分に能力が足りないということを気にかけることが大事だよ——というアドバイスです。

人間という存在はどうしても他人からの評価を欲してしまいます。でも、「評価が欲しい、評価が欲しい」と気にかけることより、むしろ自分の能力が足りないことを心配するほうがずっと有益だよと言っているわけです。

あるいはこんな一節もあります。

「子、顔淵に謂《い》いて曰《のたま》わく、これを用うれば則ち行ない、これを舎《す》つれば則ち蔵《かく》る」(第七―一〇)

これは、上司に用いられた時は活動し、求められていない時には静かにしているべきだということです。活躍はいつも出来るわけじゃない。求められた時にしっかりやればいいんだ、ということです。

現代のわれわれが聞いても、「うんうん」と頷きたくなるような言葉です。私たちの身近な出来事に当てはまる教訓やアドバイスがぎっしり詰まっているのです。

そこから自分の心の持ち様を学ぶと、ずいぶんとホッとします。なにしろ孔子のアドバイスを参考にしているのですから、それも当然です。

文学作品・映画等のセリフもストック

こうした古典を読みこなし、話の中でその言葉をスッと引用出来るようになれば、会話力は相当ついてきたと言えます。

また古典以外にも会話力を磨く読書法があります。

文学作品の中には、会話がたくさん出てきます。私は、会話文がどれくらい上手く書けるかが作家の力量を測るモノサシだと思っています。実際、ドストエフスキーや夏目漱石、村上春樹などの作品は、無駄がなくセンスのある会話文で溢れています。

ですから、優れた文学作品の会話文だけを取り出して読むという方法も、会話のセンスを磨くのに非常に有効な方法です。

実際、学生に『カラマーゾフの兄弟』の会話文だけ読んでくるように、という課題を出したこともあります。すると、あの重厚な作品をみなスラスラと読んできたのです。会話文は作家のセンスの塊です。そこだけに注目して読み込むと、その作家のスゴさに改めて気づくきっかけになるかもしれません。

漫画で使われているセリフも非常に鋭いものがたくさんあります。漫画というものは絵の力もさることながら、限られた吹き出しスペースの中でスパッと言い切るセリフのセンスが問われます。そういう意味では、人気の高い作品はいずれもセリフの力がすごいのです。荒木飛呂彦さんの『ジョジョの奇妙な冒険』などはその典型で、まさに決めゼリフの宝庫とでもいうべき作品です。

セリフという意味では、映画やテレビドラマにも会話力の参考になるものが少なくありません。優れた脚本家による作品はセリフに力があります。

イギリスのテレビドラマで映画化もされた『シャーロック』は、シャーロック・ホームズ役のベネディクト・カンバーバッチとワトソン役のマーティン・フリーマンの会話が、いかにも英国紳士同士のウィットに富んだやり取りになっていて、非常に面白いものです。

映画やドラマは映像の記憶とともに、セリフも頭に残りやすいものです。鑑賞する時、今まで以上に登場人物のセリフに気をつけるクセをつけておくと、言い回し、言葉遣いのストックはみるみる増えていくのです。

終章　究極の「会話力」

前向きなマインドと「問題を解決する」会話

第一章で、会話には三つの段階があると述べましたが、最上位のレベルの会話は「クリエイティブな会話」でした。

クリエイティブな会話の代表例は「アイディアが湧き出す会話」です。

知的な人が集まって企画会議をすると、誰かが「こういうプランはどうだろう」とアイディアを出すと、それに触発された別の誰かが「そのプランのここはこう変えたほうがよりよくなるんじゃないかな」と声を上げる。また別の人が、「いや、こういう考えも盛り込んだほうがいいんじゃないか」という具合に、どんどんアイディアがブラッシュアップされていきます。

気づいた時には、一人では考えつかなかったような非常に洗練されたプランが出来上がっている。職場でこういうチームが形成されていたら、これほど心強いことはありません。

そもそもアイディアというものは、誰か一人がウンウン唸《うな》ってひねり出すようなものではないのかもしれません。

アメリカ広告界の大物であるジェームス・W・ヤングは『アイデアのつくり方』（CCCメディアハウス）という本の中で「アイデアとは既存の要素の新しい組み合わせ以外の何ものでもない」と断言しています。

だとすれば、一人で考え込むよりも、チーム内で互いに刺激し合って新しい組み合わせを探すほうがずっと効率的と言えます。

この場合、他の人の意見にすぐに冷や水を浴びせるようなことを言うのではなく、誰かが出してくれたアイディアの原型を上手に育てるという意識を持っている人でないと、クリエイティブな会話は成り立ちません。単に頭がいいだけでなく、チームをいい方向に導こうという前向きなマインドを持つ必要があるのです。

クリエイティブな会話のもう一つの例は、「問題が解決する会話」です。

これは、会話の中で状況を腑分けし、整理し、問題点の本質をあぶり出しつつ、解決策を導き出すような会話です。

整理術やかたづけ術の本が人気ですが、これもそれらの技術と同じように、会話をすることで、絡み合った状況を整理し、頭の中をスッキリさせるテクニックなのです。

実はこれは、学生時代の私の得意技でした。

悩みを抱えている友人の目の前に、紙とペンを用意し、相手の話を聞き、感想を述べながら問題を整理していきます。

「そうだね。考えてもしょうがない問題と考えるべき問題があるみたいだね。これとこれは相手次第の問題だからこれ以上考えても手の尽くしようがない。考えるべき問題だけ抽出して検討しよう」

「この問題とこの問題は、関連しているように見えるけど、本質は違うよね」

「これはこの人のせいだけど、こっちの問題はこの人のせいじゃないよね」

といった具合です。

その時、目の前にある紙の上にキーワードをマッピングし、それぞれを線で結んだり矢印を伸ばしたりして図式化していくのです。最後にその図を見ると、何が問題点で、どういう対処をするのが最も合理的かが一目で分かるのです。

他人に自分の脳ミソを貸すような行為ですが、当時の私はこれを頻繁にしていました。友人たちからは「お陰で、頭が整理されて、スッキリした」と結構感謝されました。

こうした形で話の中身を整理し、方向を示してくれる人が相手だと、頭の中がスッキリしてきます。

会議の場などでも、自分の意見を言うのではなく、話の流れを上手く整理し、適切な問題提起をして、会議を効率よく進められる人がいます。こういう人を「ファシリテーター」と呼びますが、そういう技を身につけている人は「知的会話の達人」です。

「知的会話のパートナーを持つ」

自分自身の会話力のレベルをこの究極のレベルにまで引き上げるには、どうしたらいいでしょうか。

一つ提案したいのは、「知的会話のパートナーを持つ」ということです。会話力を高いレベルに引き上げたいのであれば、実際に会話を通じてレベルを徐々に上げていくことになりますが、その時の会話の相手は「誰でもいい」というわけではありません。

気の置けない仲間と出かけた温泉旅館でする卓球は楽しいものです。しかし、そこでいくら卓球の腕前を磨こうと思っても、相手とのラリーが続かないようであれば自分の技術も向上しません。

本気で卓球が上手くなりたいのであれば、学生なら学校の卓球部に所属してみるとか、町中の卓球クラブに入り、本格的に取り組まなければなりません。温泉卓球レベルの人が、卓球部出身者に挑んでみても、まるで相手にならないのです。

会話でも同じことが言えます。知的会話の能力が低い人とのやり取りしかしていない人は、知的会話能力の高い人と話した時、なかなかそのレベルについていけないのです。

であるならば、卓球クラブの門を叩くくらいの気持ちで、周囲にいる知的会話能力の高い人と頻繁に会話する機会を作るのが一番です。

卓球上級者が高速ラリーを難なくこなすように、会話力の上級者とポンポン言葉のやり取りをしてみるのです。ラリーの相手をしてくれる「ヒッティングパートナー」を見つけ、知的なやり取りの呼吸を身につける。

これが究極の会話力に近づく第一歩ではないでしょうか。

「礼儀正しく会話からお暇する」

ヒッティングパートナーが年上の人だとしたら、礼儀正しく接しましょう。

どのような場合でも、目上の人、年上の人に対する礼儀は大切です。

ただ、ちょっと難しいのが、話が長くなって、適当なタイミングで上手く切り上げることが出来ないような状況です。

こういう時は、礼儀正しく、話を切り上げるコツが必要です。

「今のお話、とても参考になりました。今度試してみます。では……」

「いいお話ありがとうございます。今日はお忙しいところ、お時間を取らせてしまいまして申し訳ありません。では今日はこの辺で……」

という感じで、「礼儀正しく会話からお暇《いとま》する」のです。

こういう切り上げ方なら、相手も気を悪くすることはありません。

「お、なかなか気持ちのいい人だな」と感心してくれるかもしれません。

会話の礼儀をわきまえておくと、どんな相手と対面した時でも案外リラックス出来るものです。礼というのは言ってみれば玄関のドアみたいなものです。ちゃんと開け閉めをすることで相手に好感を持ってもらうことが出来ます。

そして、いったんドアから中に入れてもらったら、多少自由に振る舞っても許されるのです。

時々ドアの内外の区別がつかない人がいます。挨拶がちゃんと出来ていない人や、挨拶を交わす前から妙にくだけた態度の人などです。そういう人は、相手側から見れば「なにか怪しい人」というふうに映っています。入りと出のタイミングでの礼儀は、慌てて流したりせず、丁寧にすることが鉄則です。

知的会話のトレーニングに疲れた時には、リラックス出来る会話を楽しみましょう。これは、いつも顔を合わせている人とやるのが最適です。

いつも会っている人との間には、お互いの共通認識になっている話題が大量に堆積しています。共通の友人の話題、お互いの家族の話題、学校や職場での出来事など、膨大な共通認識があるので、それをネタにしたり、そのネタをパロディーにしたりすると、会話が非常に盛り上がるし、話のタネも尽きないものです。

一方、久し振りに会う旧友みたいな人との間には共通の認識が少ない。久し振りだから最初の15分くらいは大いに盛り上がるかもしれませんが、ひとしきり盛り上がった後に、「はて、この後どうしようか?」とどうにも気まずい間が生まれてしまうことがよくあります。

旧交を温めるのはもちろん好ましいことですが、自分がリラックスしたいという時には、案外いつも会っている人とテンポよく、それほど意味のない会話をすることがふさわしいのです。

会話力は何歳からでも向上する

会話の力は年齢を重ねてからでも上がっていきます。

私は講演でいろんなところに出かけますが、今から一五年くらい前でしょうか。ＮＨＫの職員の方を対象にした講演会に呼んでもらったことがあります。

私はそこで普段大学生にやらせているようなトレーニングをしてもらいました。四人一組になって、それぞれのグループで一人ずつ、短時間のプレゼンをしてもらうのです。「プレゼンを聞く場合にはリアクションを大きく」などのアドバイスも事前にしておきました。

しかし、学生ならいざ知らず、相応の年齢になった大人だと、突然「じゃあこれからみんなの前でプレゼンをしてください」と言っても照れやプライドが邪魔をしてなかなか出来ないものです。

それを承知で取り組んでもらったのですが、見ていると異様に盛り上がっているグループがありました。聞き手のリアクションも大きく、笑い声さえ起きている。そのグループだけは、理想的な会話空間を瞬時に作り上げたのです。

よく見てみると、そのグループの中心にいたのは、当時『週刊こどもニュース』に出演していた池上彰さんだったのです。

「あ、『週刊こどもニュース』の池上さんだ。さすがだな」と感心させられました。

池上さんは、他の人のプレゼンに、大げさなくらいのリアクションをし、適切な質問をし、ぐんぐん会話を盛り上げていたのです。

もちろんこれは池上さんがもともと持っていた能力なのだと思います。しかし、いきなり「じゃあこれからプレゼンを」と言われた状況でも、誰よりも真剣に取り組み、そして見事な成果を示してくれたその姿勢に私は敬服したのでした。

繰り返しますが、会話力は何歳になっても向上します。池上さんのような向上心を、多くの人に持ってもらいたいと思うのです。

あとがき——座の会話力へ

いかがでしたでしょうか。「すごい会話力」へと至るための御自分にフィットした技を一つでも見つけていただけていれば、ありがたく思います。

人にはそれぞれ気質・体質の違いがあり、好みも異なります。自分に合ったものしか最終的には役に立たないとも言えるので、まずは一つトレーニングを始めてもらえたらと思います。目安は二週間です。二週間あれば、意識が定着します。

ここで改めて、「すごい会話力」という点から世界の歴史を振り返ってみると、やはりゴータマ・ブッダ、孔子、ソクラテス、そしてイエスは「すごすぎる会話力」という感じがします。この四人は周囲の人たちとの会話の記録が人類の古典となっています。

ライブの場でのやり取りの中で発した言葉がことわざになり、人類の智恵として現在まで影響を与えるというのは、「すごすぎる会話力」です。会話力という観点で思想史を見直したくなるほどに、人類に影響を与えた思想・宗教は、書かれた言葉以上に、会話の記録です。

会話の中で生まれた、まさに「生きた言葉」が二〇〇〇年の時を超えて伝承されてきたことに感銘を受けます。

日本の歴史の中で「すごい会話力」を発揮した人物は誰か。これは自由に考えてみるだけで面白い問いですが、外せない大物として松尾芭蕉がいます。

五七五の俳句は、もともと連句におけるはじめ句（発句《ほっく》）を独立させたものです。発句を独立した作品として扱うことを本格的に始め、定着させたのは芭蕉です。芭蕉は各地で同好の士と連句の会を生涯催します。

五七五に次の人が七七と付け、また次の人が五七五を付けていく。この絶妙な技は、まさに「究極の会話」です。一つひとつの句は独立した意味と味わいを持ちはしますが、隣り合う句との間に新たな詩的情趣を生み出します。

会話において、他の人の言葉によって自分が先に言った言葉がより生きたとすれば、それは素晴らしい会話です。自分一人で意味が完結するのではなく、やり取りの妙によってお互いの言葉が輝く。そんな場は、祝祭的です。単なる飲み会でも、時にこのような祝祭的な会話が成立することがあります。そうした時には「これはまるで芭蕉たちの連句の会のようだ」と感嘆の声をあげたいところです。

「すごい会話力」の隠れたキーワードは、「座」です。俳諧は、座の芸術です。尾形仂《つとむ》『座の文学　連衆心《れんじゅしん》と俳諧の成立』（講談社学術文庫）によれば、座は文芸的な人間連帯である連衆心を営んだ場であり、孤独を自覚する者同士が、日常とは別次元の関係でつながり、生きる楽しみを共にするものです。

こうした深い所でつながった、しかも即興的な軽さをも持つ「座」は生きる楽しみを与えてくれます。私たちは芸術家ではないかもしれませんが、「座」のクリエイティブな魅力を会話の場で体験出来るのではないかと私は思っています。「そいつつズラす」が、座の会話力です。

生きることは他の人と楽しみを分かち合うことで充実します。この世に一人だけだとすれば、どんなに素晴らしい景色や物もとたんに色を失うことでしょう。共に語り合う仲間がいてこそ、楽しみは増幅します。

会話力が高くなれば、それだけ座の魅力も増します。「座もちがいい」という言葉があります。会話力のある人は、座を白けさせないで楽しい雰囲気にさせ続けるということです。会話力がない人が集まると座がもたない、ということになります。

「座もちのいい」人間になること、そして祝祭的な会話空間を演出出来る人間になること。これを目標にすれば、生きることは楽しくなります。ホイジンガは、遊ぶから人間なんだと『ホモ・ルーデンス』で言いました。私たちは、会話するから人間なんだ、人とは「会話する人」なんだと言えると思います。

この本が形になるに当たっては、講談社現代新書編集部の岡部ひとみさんと、阿部崇さんの大きな御助力を頂きました。ありがとうございました。

二〇一六年九月

齋藤　孝

引用・参照文献一覧

第一章

『論語』金谷治訳注、岩波文庫（第七章にも引用）
『氷川清話』勝海舟、江藤淳／松浦玲編、講談社学術文庫（第五章、第七章にも引用）

第二章

『甘えの構造』土居健郎、弘文堂

第三章

『影との戦い　ゲド戦記1』アーシュラ・K.ル＝グウィン作、清水真砂子訳、岩波少年文庫
『贈与論』マルセル・モース、吉田禎吾／江川純一訳、ちくま学芸文庫

第四章

『スタンフォード大学　マインドフルネス教室』スティーヴン・マーフィ重松、坂井純子訳、講談社
『マインドフルネス　ストレス低減法』J・カバットジン、北大路書房
『禅マインド　ビギナーズ・マインド』鈴木俊隆、松永太郎訳、サンガ新書
『釈尊の呼吸法』村木弘昌、春秋社
『インナーゲーム』W・ティモシー・ガルウェイ、後藤新弥訳、日刊スポーツ出版社
『饗宴』プラトーン、森進一訳、新潮文庫

『ツァラトゥストラ』ニーチェ、手塚富雄訳、中公文庫

第五章

『日本語力と英語力』齋藤孝、斎藤兆史、中公新書ラクレ

第六章

『陽気なギャングが地球を回す』伊坂幸太郎、祥伝社文庫

『ボビーZの気怠く優雅な人生』ドン・ウィンズロウ、東江一紀訳、角川文庫

第七章

『福翁自伝』福沢諭吉、土橋俊一校訂・校注、講談社学術文庫

『西洋事情』福沢諭吉、マリオン ソシエ編、西川俊作編、慶應義塾大学出版会

『学問のすゝめ』福沢諭吉、伊藤正雄校注、講談社学術文庫

終章

『アイデアのつくり方』ジェームス・W・ヤング、今井茂雄訳、CCCメディアハウス

一部引用文献の中には、現在では不適切とされる表現が用いられている箇所がありますが、原文が書かれた時代背景を考慮し、原典のままとしました。(編集部)

N.D.C. 809.2　232p　18cm
ISBN978-4-06-288396-2

講談社現代新書　2396

すごい「会《かい》話《わ》力《りょく》」

二〇一六年一一月二〇日第一刷発行

著　者　齋藤《さいとう》 孝《たかし》　
発行者　鈴木　哲
発行所　株式会社講談社
東京都文京区音羽二丁目一二―二一　郵便番号一一二―八〇〇一
電　話　〇三―五三九五―三五二一　編集（現代新書）
〇三―五三九五―四四一五　販売
〇三―五三九五―三六一五　業務
装幀者　中島英樹
印刷所　凸版印刷株式会社
製本所　株式会社大進堂

定価はカバーに表示してあります　Printed in Japan

「講談社現代新書」の刊行にあたって

教養は万人が身をもって養い創造すべきものであって、一部の専門家の占有物として、ただ一方的に人々の手もとに配布され伝達されうるものではありません。

しかし、不幸にしてわが国の現状では、教養の重要な養いとなるべき書物は、ほとんど講壇からの天下りや単なる解説に終始し、知識技術を真剣に希求する青少年・学生・一般民衆の根本的な疑問や興味は、けっして十分に答えられ、解きほぐされ、手引きされることがありません。万人の内奥から発した真正の教養への芽ばえが、こうして放置され、むなしく滅びさる運命にゆだねられているのです。

このことは、中・高校だけで教育をおわる人々の成長をはばんでいるだけでなく、大学に進んだり、インテリと目されたりする人々の精神力の健康さえもむしばみ、わが国の文化の実質をまことに脆弱なものにしています。単なる博識以上の根強い思索力・判断力、および確かな技術にささえられた教養を必要とする日本の将来にとって、これは真剣に憂慮されなければならない事態であるといわなければなりません。

わたしたちの「講談社現代新書」は、この事態の克服を意図して計画されたものです。これによってわたしたちは、講壇からの天下りでもなく、単なる解説書でもない、もっぱら万人の魂に生ずる初発的かつ根本的な問題をとらえ、掘り起こし、手引きし、しかも最新の知識への展望を万人に確立させる書物を、新しく世の中に送り出したいと念願しています。

わたしたちは、創業以来民衆を対象とする啓蒙の仕事に専心してきた講談社にとって、これこそもっともふさわしい課題であり、伝統ある出版社としての義務でもあると考えているのです。

一九六四年四月　野間省一

哲学・思想Ⅱ

日本史

心理・精神医学

- 331 異常の構造──木村敏
- 590 家族関係を考える──河合隼雄
- 725 リーダーシップの心理学──国分康孝
- 824 森田療法──岩井寛
- 1011 自己変革の心理学──伊藤順康
- 1020 アイデンティティの心理学 鑪幹八郎
- 1044 〈自己発見〉の心理学 国分康孝
- 1241 心のメッセージを聴く 池見陽
- 1289 軽症うつ病──笠原嘉
- 1348 自殺の心理学──高橋祥友
- 1372 〈むなしさ〉の心理学 諸富祥彦
- 1376 子どものトラウマ──西澤哲
- 1465 トランスパーソナル心理学入門──諸富祥彦
- 1625 精神科にできること 野村総一郎
- 1752 うつ病をなおす──野村総一郎
- 1787 人生に意味はあるか 諸富祥彦
- 1827 他人を見下す若者たち 速水敏彦
- 1922 発達障害の子どもたち──杉山登志郎
- 1962 親子という病──香山リカ
- 1984 いじめの構造──内藤朝雄
- 2008 関係する女 所有する男──斎藤環
- 2030 がんを生きる──佐々木常雄
- 2044 母親はなぜ生きづらいか──香山リカ
- 2062 人間関係のレッスン 向後善之
- 2076 子ども虐待──西澤哲
- 2085 言葉と脳と心──山鳥重
- 2090 親と子の愛情と戦略 柏木惠子
- 2101 〈不安な時代〉の精神病理──香山リカ
- 2105 はじめての認知療法──大野裕
- 2116 発達障害のいま──杉山登志郎
- 2119 動きが心をつくる──春木豊
- 2121 心のケア──加藤寛 最相葉月
- 2143 アサーション入門──平木典子
- 2160 自己愛な人たち──春日武彦
- 2180 パーソナリティ障害とは何か──牛島定信
- 2211 うつ病の現在──佐古泰司 飯島裕一
- 2231 精神医療ダークサイド 佐藤光展
- 2249 「若作りうつ」社会──熊代亨

K

趣味・芸術・スポーツ

620 時刻表ひとり旅――宮脇俊三
676 酒の話――小泉武夫
1025 J・S・バッハ――礒山雅
1287 写真美術館へようこそ――飯沢耕太郎
1371 天才になる!――荒木経惟
1404 踏みはずす美術史――森村泰昌
1422 演劇入門――平田オリザ
1454 スポーツとは何か――玉木正之
1510 最強のプロ野球論――二宮清純
1653 これがビートルズだ 中山康樹
1723 演技と演出――平田オリザ
1765 科学する麻雀――とつげき東北
1808 ジャズの名盤入門――中山康樹
1890 「天才」の育て方――五嶋節
1915 ベートーヴェンの交響曲――金聖響 玉木正之
1941 プロ野球の一流たち 二宮清純
1963 デジカメに1000万画素はいらない たくきよしみつ
1970 ビートルズの謎――中山康樹
1990 ロマン派の交響曲――金聖響 玉木正之
2007 落語論――堀井憲一郎
2037 走る意味――金哲彦
2045 マイケル・ジャクソン――西寺郷太
2055 世界の野菜を旅する 玉村豊男
2058 浮世絵は語る――浅野秀剛
2111 ストライカーのつくり方――藤坂ガルシア千鶴
2113 なぜ僕はドキュメンタリーを撮るのか――想田和弘
2118 ゴダールと女たち 四方田犬彦
2132 マーラーの交響曲――金聖響 玉木正之
2161 最高に贅沢なクラシック 許光俊
2210 騎手の一分――藤田伸二
2214 ツール・ド・フランス 山口和幸
2221 歌舞伎 家と血と藝 中川右介
2256 プロ野球 名人たちの証言 二宮清純
2270 ロックの歴史――中山康樹
2275 世界の鉄道紀行――小牟田哲彦
2282 ふしぎな国道――佐藤健太郎
2296 ニッポンの音楽――佐々木敦

日本語・日本文化